禮書第一　史記二十三

索隱曰書者五經六籍揔名也此之八書記國家大體班氏謂之志志亦記也○正義曰天地位日月明四時序陰陽和風雨節羣品滋茂萬物宰制君臣朝儀尊卑貴賤有序咸謂之禮經六籍咸謂之書故曲禮云道德仁義非禮不成教訓正俗非禮不備分爭辯訟非禮不決云云

太史公曰洋洋美德乎索隱曰洋音羊洋洋美盛貌鄒誕生音翔非也宰制萬物役使羣衆豈人力也哉正義曰言天地宰制萬物役使羣品順四時而動咸有成功豈籍人力營爲哉是美善盛大衆多之德也故孔子曰四時行焉百物生焉余至大行禮官索隱曰大行秦官主禮儀漢景帝改曰大鴻臚鴻臚者掌九賓之儀也觀三代損益乃知緣人情而制禮依人性而作儀其所由來尚矣人道經緯萬端規矩無所不貫誘進以仁義束縳以刑罰故德厚者位尊祿重者寵榮所以揔一海内而整齊萬民也人體安駕乘正義時證反爲之金輿錯衡以繁其飾周禮王之五路有金路鄭玄曰以金飾諸末○索隱曰錯鏤衡扼爲文飾也詩曰約軝錯衡毛傳云錯衡文衡也○正義爲于僞反錯作鏓七公反目好五色爲之黼黻文章以表其能耳樂鐘磬爲之調諧八音以蕩其心口甘五味爲之庶羞酸鹹以致其美周禮曰羞用百有二十品鄭玄曰羞出于牲及禽獸以備其滋味謂之庶羞鄭衆曰羞者進也情好珍善爲之琢磨圭璧以通其意故大路越席服虔曰大路祀天車也越席結括草以爲席也王肅曰不緣也○正義按括草蒲草越户括反皮弁布裳周禮曰王視朝則皮弁之服鄭玄曰皮弁之服十五升白布衣積素爲裳也○正義曰以鹿子皮爲弁也

按襞積素布爲裳也朱絃洞越（鄭玄曰朱絃練朱絲絃也越瑟底孔）大羹玄酒（鄭玄曰大羹肉湆不調以鹽菜也玄酒水也）所以防其淫侈救其彫敝（索隱曰彫謂彫飾也言彫飾是奢侈之弊也）是以君臣朝廷尊卑貴賤之序下及黎庶車輿衣服宮室飲食嫁娶喪祭之分事有宜適物有節文仲尼曰禘自既灌而往者吾不欲觀之矣（孔安國曰禘祫之禮爲序昭穆也故毀廟之主及羣廟之主皆合食于太祖灌者酌鬱鬯灌于太祖以降神也既灌之後列尊卑序昭穆而魯逆祀躋僖公亂昭穆故不欲觀之）周衰禮廢樂壞大小相踰管仲之家兼備三歸（包氏曰三歸娶三姓女也婦人謂嫁曰歸）循法守正者見侮於世奢溢僭差者謂之顯榮自子夏門人之高第也（索隱曰言子夏是孔子門人之中高弟者謂才優而品第高也故論語四科有文學子游子夏也）猶云出見紛華盛麗而說入聞夫子之道而樂二者心戰未能自決而況中庸以下漸漬於失教被服於成俗乎孔子曰必也正名於衛所居不合（論語曰子路曰衛君待子而爲政子將奚先子曰必也正名乎馬融曰正百事之名）仲尼沒後受業之徒沈湮而不舉或適齊楚或入河海（正義曰論語云太師摯適齊亞飯干適楚鼓方叔入于河少師陽擊磬襄入于海魯哀公時禮壞樂崩人皆去也）豈不痛哉至秦有天下悉內六國禮儀采擇其善雖不合聖制其尊君抑臣朝廷濟濟依古以來（正義曰秦採擇六國禮儀尊君抑臣朝廷濟濟依古以來典法行之）至于高祖光有四海叔孫通頗有所增

益減損大抵皆襲秦故應劭曰抵至也瓚曰抵歸也○索隱曰按大抵猶大略也臣瓚以抵訓爲歸則是大略大歸其義皆通於一自天子稱號正義稱尺證反下至佐僚及宮室官名少所變改孝文即位有司議欲定儀禮孝文好道家之學以爲繁禮飾貌無益於治躬化謂何耳正義曰孝文本紀云上身衣弋綈所幸慎夫人令衣不曳地幃帳不得文繡治霸陵皆以瓦器是躬化節儉謂何嫌耳不須繁禮飾貌也故罷去之孝景時御史大夫鼂錯明於世務刑名數干諫孝景曰諸侯藩輔臣子一例古今之制也今大國專治異政不稟京師恐不可傳後孝景用其計而六國畔逆正義曰吳楚趙菑川濟南膠西謂六國也齊孝王狐疑城守三國兵圍齊齊使路中大夫告天子不言七國也以錯首名天子誅錯以解難正義曰上紀買反下乃憚反事在袁盎語中是後官者養交安祿而已莫敢復議今上即位招致儒術之士令共定儀十餘年不就或言古者太平萬民和喜瑞應辯至正義曰辯音遍乃采風俗定制作上聞之制詔御史曰蓋受命而王各有所由興殊路而同歸謂因民而作追俗爲制也議者咸稱太古百姓何望漢亦一家之事典法不傳謂子孫何化隆者閎博治淺者褊狹可不勉與乃以太初之元改正朔應劭曰初用夏正以正月爲歲首改年爲太初易服色封太山定宗廟百官之

儀以爲典常垂之於後云禮由人起人生有欲欲而不得則不能無忿忿而無度量則爭正義音諍爭則亂先王惡其亂故制禮義以養人之欲給人之求使欲不窮於物物不屈於欲正義曰屈羣物反二者相待而長是禮之所起也故禮者養也稻粱五味所以養口也椒蘭芬茝所以養鼻也索隱曰茝音止又音昌改反鐘鼓管弦所以養耳也刻鏤文章所以養目也疏房牀笫几席所以養體也服虔曰簀謂之笫○索隱曰疏謂窗也○正義曰疏謂窗也笫側里反故禮者養也君子既得其養又好其辨也所謂辨者貴賤有等長少有差貧

富輕重皆有稱也故天子大路越席所以養體也正義曰謂蒲華爲席既絜且柔絜可以祀神柔可以養體也側載臭茝所以養鼻也索隱曰劉氏云側持也臭香也茝香草也言天子行持得以香草自隨也其餘則否臭爲香者山海經云臭如蘪蕪易曰其臭如蘭是臭爲草之香也今以側爲邊側載者置也言天子之側常置芳香於左右前有錯衡所以養目也注見前和鸞之聲鄭玄曰和鸞皆鈴也所以爲車行節也韓詩內傳曰鸞在衡和在軾前升車則馬動馬動則鸞鳴鸞鳴則和應服虔曰鸞在鑣和在衡續漢書輿服志曰鸞爲雀立衡也○正義曰皇侃云鸞以金爲鸞懸鈴其中於衡上以爲遲疾之節所以正威儀行舒疾也步中武象騶中韶護所以養耳也鄭玄曰武武王樂也象武舞也韶舜樂也護湯樂也○正義曰步猶緩車則和鸞之音中於武象騶車中於韶護也龍旂九斿所以養信也周禮曰交龍爲旂○正義斿音旒寢兕持虎鮫韅徐廣曰鮫魚皮可以

飾服器音交䌫者當馬掖之革音呼見反○索隱曰寢兕一以兕牛皮爲席持虎者以猛獸皮文飾倚較及伏軾故云持虎劉氏云畫之於旌竿及楯杖等以今所見爲說也鮫䌫者以鮫魚皮飾䌫䌫馬腹帶也○正義曰兕音似爾雅云兕似牛彌龍所以養威也徐廣曰乘輿車金薄璆龍爲輿倚較文虎伏軾龍首銜軛○索隱曰彌亦音弭謂金飾銜軛爲龍此皆王者服御崇飾所以示威武故云所以養威也此文皆出大戴禮蓋是荀卿所說劉氏云薄猶飾也璆然龍貌音虬故大路之馬必信至教順然後乘之所以養安也孰知夫士出死要節之所以養生也索隱曰言人誰知夫志士推誠守死要立名節仍是養生安身之本故下云人苟生之爲見若者必死是解上意言人苟以貪生之爲見不能見危致命若者必死若猶如也言孰心爲見知此者必刑戮及身故云必死下文皆放此也○正義曰夫音扶要音腰孰知猶審知也出死猶處死也審知志士推誠處死要立名節若曹沫茅焦所以養生命也孰知夫輕費用之所以養財也正義曰費音芳味反輕猶薄言審知鄙薄費用則能畜聚所以養財貨也孰知夫恭敬辭讓之所以養安也正義曰言審知恭敬辭讓所以養體安身孰知夫禮義文理之所以養情也正義曰言審知禮義文章道理所以養其情性此四科是儒者有禮義故兩得之也人苟生之爲見若者必死正義曰苟且若如此也言平凡好生之人且見操節之士以禮義處死養得其生有効如此者必死也苟利之爲見若者必害正義曰言平凡好利之人且見利義之士以輕省費用養得其財有効如此者必害身也怠惰之爲安若者必危正義曰惰徒卧反言平凡怠惰之人且有見禮之士以恭敬禮讓養得安樂有効如此者必危亡也情勝之爲安若者必滅索隱曰覆解上禮義文理之所以養情也○正義曰勝音叔證反言平凡好勝之人且見義之士禮義文理養得情有効如此者必滅亡也此四科是墨者無禮義故兩失之也故聖人一之於禮義則兩得之矣一之於情性則兩失

之矣故儒者將使人兩得之者也墨者將使人兩失之者也索隱曰墨者不尚禮義而任儉嗇無仁恩故使人兩失之詩曰怳以使人人志其死是也是儒墨之分正義曰分音扶問反分猶等也若儒等而是治辯之極彊固之本威行之道功名之總則天下歸矣治辯之極也彊固之本也索隱曰自此已下皆是儒分之功也○正義曰固堅固也言國以禮義四方欽仰無有攻伐故爲彊而且堅固之本也威行之道也正義曰以禮義導天下天下伏而歸之故爲威行之道也功名之揔也正義曰以禮義率天下天下咸遵之故爲功名之總也合也聚也王公由之正義曰由禮義也所以一天下臣諸侯也弗由之所以捐社稷也故堅革利兵不足以爲勝索隱曰覆上功名之揔也高城深池不足以爲固嚴令繁刑不足以爲威由其道則行不由其

道則發楚人鮫革犀兕所以爲甲堅如金石宛之鉅鐵徐廣曰大剛曰鉅○正義曰宛城今鄧州南陽縣城是音於元反鉅剛鐵也施鑽如蠭蠆索隱曰鑽謂矛刃及矢鏃也輕利剽遬正義曰上匹妙反下音速剽遬疾也卒如熛風正義曰卒村忽反熛必遙反熛風疾也然而兵殆於垂涉唐眛死焉許慎曰垂涉地名也莊蹻起楚分而爲四索隱曰蹻音其略反楚將之名言其起兵亂後楚遂分爲四按漢志滇王莊蹻之後也○正義曰以起字爲絕句或云楚莊王苗裔也括地志云師州黎州在京西南五千六百七十里戰國楚威王時莊蹻王滇則爲滇國之地楚昭王徙都鄀莊蹻王滇楚襄王徙都陳楚考烈王徙都壽春咸被秦逼乃四分也然昭王雖在莊蹻之前故荀卿兼言之也參是豈無堅革利兵哉索隱曰參者驗也言驗是楚豈無利兵哉○正義曰參七含反言蹻楚國豈無堅甲利兵哉爲其不由禮義故衆分也其所以統之者非其道故也汝潁以

爲險正義曰括地志云水源出汝州魯山縣西伏牛山亦名猛山汝水至豫州郾城縣名濆水爾雅云河有灉汝有濆亦汝之別名潁水源出洛水嵩高縣東南三十五里陽乾山俗名潁山地理志高陵山汝出東南至新蔡縣入淮陽乾江山潁水出東至下蔡入淮也江漢以爲池正義曰江即岷江從蜀入楚在荆州南漢江從漢中東南入江四水爲楚之險固也阻之以鄧林緣之以方城山海經曰夸父與日逐走日入渴欲得飲飲於渭河不足北飲大澤未至道渴而死棄其杖化爲鄧林駰謂鄧林後遂爲林名○索隱曰按裴氏引山海經以爲夸父弃杖爲鄧林其言北飲大澤蓋非在中國也劉氏以爲今襄州南鳳林山是古鄧祁侯之國在楚之北境故云阻以鄧林也○正義曰括地志云方城房州竹山縣東南四十一里其山頂上平四面險峻山南有城長十餘里名爲方城即此山也然而秦師至鄢郢舉若振槁索隱曰振動也擊也槁乾葉也○正義曰鄢音鄢括地志云故城在襄州安養縣北三里古鄢子之國鄧之南鄙也又率道縣南九里有故鄢城漢惠帝改曰宜城也郢城荆州江陵縣東北六里即吳公子光伐楚楚平王恐城郢者也又楚武王始都郢絕南

故城是也在江陵北十五里也是豈無固塞險阻哉其所以統之者非其道故也紂剖比干囚箕子爲炮烙刑殺無辜時臣下懍然莫必其命索隱曰言無人必保其性命然而周師至而令不行乎下不能用其民是豈令不嚴刑不陖哉其所以統之者非其道故也古者之兵戈矛弓矢而已然而敵國不待試而詘徐廣曰試一作誠也○正義曰詘丘勿反試用也城郭不集溝池不掘正義曰求勿反又求厥反固塞不樹機變不張然而國晏然不畏外而固者無他故焉明道而均分之正義曰分扶問反言明儒墨之分使禮義均等則下應之如影響耳時使而誠愛之則下應之如景響有

不由命者然後俟之以刑 正義曰事君以禮義民有不由禮義者然後待之以刑則民之罪伏刑矣 則民知辠矣故刑一人而天下服辠人不尤其上知辠之在己也是故刑罰省而威行如流無他故焉由其道故也故由其道則行不由其道則發古者帝堯之治天下也蓋殺一人刑二人而天下治傳曰威厲而不試刑措而不用天地者生之本也先祖者類之本也 正義曰類種類也 君師者治之本也無天地惡生 正義曰惡音烏 無先祖惡出無君師惡治三者偏亡則無安人 索隱曰鄒氏偏音遍○正義曰偏疋然反 故禮上事天下事地尊先祖而隆君師

是禮之三本也故王者天太祖 毛詩叙曰文武之功起於后稷故推以配天焉 諸侯不敢懷 索隱曰懷思也言諸侯不敢思以太祖配天而食也又一解王之子孫爲諸侯不思祀其父祖故禮云諸侯不敢祖天子蓋與此同意 大夫士有常宗 禮記曰別子爲祖繼別爲宗百世不遷者謂別子之後也 所以辨貴賤貴賤治得之本也郊疇乎天子 索隱曰疇類也天子類得郊天餘並不合祭今大戴禮作郊止乎天子當是也止或作疇因誤耳 社至乎諸侯 索隱曰言天子已下至諸侯得立社 函及士大夫 函音含○索隱曰含謂包容諸侯已下至士大夫得祭社故禮云大夫成羣立社曰置社亦曰里社也鄒誕生音啗徒濫反意義亦通但不見古文各以意爲說耳今按大戴禮作導及士大夫導亦通也今此爲啗者當以導與蹈同後足字失止唯有口存故使解者得以穿鑿而用也 所以辨尊者事尊卑者事卑宜鉅者鉅宜小者小故有天下者事七世有一國

者事五世有五乘之地者事三世鄭玄曰古者方十里其中六十四井出兵車一乘此兵法之賦有三乘之地者事二世穀梁傳曰天子至于士皆有廟天子七諸侯五大夫三士二始封之者必爲其太祖有特牲而食者不得立宗廟禮記曰庶人祭於寢所以辨積厚者流澤廣積薄者流澤狹也大饗上玄尊俎上腥魚鄭玄曰大饗祫祭先王以腥魚爲俎實不臑孰之也先大羹貴食飲之本也大饗上玄尊而用薄酒食先黍稷而飯稻粱祭嚌先大羹鄭玄曰嚌至齒而飽庶羞貴本而親用也貴本之謂文親用之謂理兩者合而成文以歸太一是謂大隆索隱曰貴本親用兩者合而成文以歸太一太一者天地之本也得禮之文理是合於太一也隆者盛也高也得禮文理歸于太一是禮之盛也故尊之上玄尊也正義曰皇侃云玄酒水也上古未有酒而始之祭但酌水用之至晚世雖有酒存古禮尚用水代酒也俎之上腥魚也豆之上大羹一也索隱曰樽之上玄樽俎之上腥魚豆之上大羹三者如一皆是本故云一也利爵弗啐也鄭玄曰啐入口也○索隱曰按儀禮祭畢獻祝西面告成是爲利爵祭初未行無筭爵故不啐入口也成事俎弗嘗也索隱曰成事卒哭之祭故記曰卒哭曰成事既是卒哭始從吉祭故受胙爵而不嘗俎也三宥之弗食也索隱曰禮祭必立宥以勸尸食至三飯而後止每飯有宥一人故有三宥既是勸尸故不相食也大昏之未發齊也索隱曰發齊謂婚禮父親醮子而迎之前故曲禮云齊戒以告鬼神是婚禮有齊也大廟之未內尸也始絕之未小斂一也索隱曰此五者皆以禮之初始質而未備亦是貴本之義故云一也大路之素幬也禮記曰乘素車貴其質也鄭玄曰素車殷輅也○索隱曰幬音綢謂車蓋以素帷亦質之也郊之

麻絻周禮曰王祀昊天上帝服大裘而冕論語曰麻冕禮也孔安國曰冕緇布冠古者積麻三十升布以爲之○正義絻音免亦作冕喪服之先散麻一也儀禮士喪禮曰始死主人散帶垂之三尺禮記曰大功已上散帶也○索隱曰大路已下三事相似如一故云一也散麻取其質無文飾亦貴本也三年哭之不反也禮記曰斬衰之哭若往而不反清廟之歌鄭玄曰清廟謂作樂歌清廟一倡而三歎鄭玄曰倡發歌句者三歎三人從歎縣一鐘尚拊膈徐廣曰一作搏膈○索隱曰縣音懸拊音撫膈音格膈縣鐘格也不擊其鐘而拊其格不取其聲亦質也鄒氏膈音膊蓋依大戴禮也而鄭注禮云搏拊祝敔也朱弦而通越一也索隱曰大瑟而練朱其絃又通其下孔使聲濁且遲上質而貴本不取其聲又自三年已下四事皆不取其聲也凡禮始乎脫索隱曰脫猶疏略也始初也言禮之初尚疏略也成乎文索隱曰言禮成就有文飾也終乎稅徐廣曰一作悅○索隱曰音悅言禮終卒和悅人情大戴禮作終於隆隆盛也故至備情文俱盡徐廣曰古情字或假借作請諸子中多有此比○正義曰言情文俱盡言是禮之至備也其次情文代勝索隱曰音昇又音尸證反或文勝情情勝文是情文更代相勝大戴禮作迭興其下復情以歸太一索隱曰言其次情文俱失歸心渾沌天地之初復禮之本是歸太一也天地以合日月以明四時以序星辰以行江河以流萬物以昌好惡以節喜怒以當以爲下則順以爲上則明正義曰自天地以下八事大禮之備情文俱盡故用爲下則順用爲上則明也

太史公曰至矣哉索隱曰已下亦是太史公取荀卿禮論之意極言禮之損益以結禮書之論也立隆以爲極而天下莫之能益損也本末相順索隱曰謂禮之盛文理合以歸太一至禮之殺復情以歸太一隆殺皆歸太一者是本末相順也終始相應索隱曰禮始於脫終於稅稅亦殺也殺與脫略是始終相應也○正義曰應乙陵反應當也至文

有以辨（索隱曰言禮之至文能辨尊卑貴賤故云有以辨也）至察有以說（索隱曰言禮之至察有以明隆殺損益委曲情文足以悅人心故云有以說也）天下從之者治不從者亂從之者安不從者危小人不能則也（正義曰小人猶庶人也則法也言天下士以上至于帝王能從禮者則治安不能從禮者則危亂庶人據於事不能法禮也）禮之貌誠深矣（索隱曰有本作懇誠深者非也○正義曰言禮之貌信深厚矣雖有鄒子堅白同異之辯明察入於禮義之中自然成儒弱敗壞之體也）堅白同異之察入焉而弱其貌誠大矣（正義曰言禮之貌信廣大矣雖有擅作典制褊陋之說文辭入於禮義之中自然成淫俗褊陋之言）擅作典制褊陋之說入焉而望（索隱曰言擅作典制褊陋之說入禮則自嫌望知其失）其貌誠高矣（正義曰言禮之貌信尊高矣雖有暴慢恣睢輕俗以爲高之屬入於禮義之中自然成墜落暴慢輕俗之人）暴慢恣睢輕俗以爲高之屬入焉而墜（索隱曰恣睢猶毀訾也言訾毀禮者自取墜滅）故繩誠陳（鄭玄曰誠猶審也陳設也謂彈畫也）則不可欺以曲直衡誠縣（鄭玄曰衡稱也縣謂錘也○正義曰音玄）則不可欺以輕重規矩誠錯（索隱曰錯置也規車也矩曲尺也○正義曰錯七故反）則不可欺以方員君子審禮則不可欺以詐僞（正義曰詐僞謂堅白同異擅作典制暴戾恣睢自高也故陳繩曲直定縣衡輕重分錯規矩方員自消滅矣）故繩者直之至也衡者平之至也規矩者方員之至也禮者人道之極也然而不法禮不足禮謂之無方之民（鄭玄曰方猶道也）法禮足禮謂之有方之士禮之中能思索（索隱曰索求也）謂之能慮能慮勿易（正義曰易謂輕易也）謂之能固能慮能

固加好之焉聖矣正義曰好火到反言人以得禮之中又能思審索求其禮謂之能思慮又不輕易其禮謂之能堅固能慮能固其禮更加好之乃聖人矣天者高之極也地者下之極也日月者明之極也無窮者廣大之極也聖人者道之極也正義曰道謂禮義也言人有禮義則爲聖人比於天地日月廣大之極也以財物爲用以貴賤爲文以多少爲異以隆殺爲要索隱曰隆猶厚也殺猶薄也文貌繁情欲省禮之隆也文貌省情欲繁禮之殺也文貌情欲相爲內外表裏並行而雜禮之中流也正義曰言文飾情用表裏外內合於儒墨是得禮情之中而流行不息也君子上致其隆下盡其殺而中處其中正義曰中謂情文也步驟馳騁廣騖不外正義曰騖音務言君子之人上存文飾下務滅省而合情文處得其中縱有戰陣殺戮邪惡則不棄於禮義矣三皇步五帝驟三王馳五伯騖也是以君子之性守宮庭也索隱曰言其性守正不謾遠行如常守宮庭也○正義曰宮庭聽朝處喻君子心內常守禮義若宮庭焉人域是域士君子也索隱曰域居也言君子之行非人居弗居也○正義曰處平凡人域之中能知禮義之域限即爲士及君子也外是民也索隱曰外謂人域之外非人所居之地以喻禮義之外別爲它行即是小人故云外是人也於是中焉房皇周浹曲直得其次序聖人也索隱曰房音旁旁皇猶徘徊也周浹猶周匝言徘徊周浹委曲得禮之序動不失中則是聖人之行也故厚者禮之積也大者禮之廣也索隱曰言君子聖人有厚大之德則爲禮之所歸積益弘廣也故曰甘受和白受采忠信之人可以學禮苟無忠信之人則禮不虛道然此文皆荀卿禮論之所載者也高者禮之隆也明者禮之盡也正義曰言君子內守其禮德厚大積廣至於高尊明禮則是禮之終竟也

此書是褚先生取荀卿禮論兼為之

索隱述贊曰

禮因人心　非從天下　合誠飾貌

救弊興雅　以制黎甿　以事宗社

情文可重　豐殺難假　仲尼坐樹

孫通蕝野　聖人作教　罔不由者

禮書第一　　史記二十三

樂書第二　史記二十四

正義曰天有日月星辰地有山陵河海歲有萬物成孰國有聖賢宮觀周域官僚人有言語衣服體貌端脩咸謂之樂樂書者猶樂記也鄭玄云以其記樂之義也按別錄目屬樂記蓋十一篇合爲一篇十一篇者有樂本有樂論有樂施有樂言有樂禮有樂情有樂化有象法有賓牟有師乙有魏文侯今雖合之亦畧有分焉劉向校書得樂書二十三篇著於別錄今樂記雖有十一篇其名猶存也

太史公曰余每讀虞書至於君臣相敕維是幾安而股肱不良萬事墮壞未嘗不流涕也成王作頌推己懲艾正義音刈悲彼家難正義曰乃憚反家難謂文王囚羑里武王伐紂可不謂戰戰恐懼善守善終正義曰言成王作頌悲文王戰戰恐懼推己戒勵爲治是善守善終也君子不爲約則修德正義爲于僞反滿則棄禮佚能思初安能惟始沐浴膏澤而歌詠勤苦非大德誰能如斯傳曰治定功成禮樂乃興海內人道益深其德益至所樂者益異滿而不損則溢盈而不持則傾凡作樂者所以節樂正義曰音洛言不樂至荒淫也君子以謙退爲禮以損減爲樂樂其如此也以爲州異國殊情習不同故博采風俗協比聲律正義比音鼻以補短移化助流政教天子躬於明堂臨觀而萬民咸蕩滌邪穢斟酌飽滿以飾厥性故云雅頌之音理而民正嘄噭

之聲興而士奮 索隱曰嘄音姑堯反又音叫噭音擊 鄭衛之曲動而心淫及其調和諧合鳥獸盡感而況懷五常含好惡自然之勢也治道虧缺而鄭音興起封君世辟 索隱曰辟亦君也○正義辟井亦反 名顯鄰州爭以相高自仲尼不能與齊優遂容於魯 索隱曰齊人歸女樂而孔子行言不能遂容於魯而去也或作逐容誤耳 雖退正樂以誘世作五章以刺時 索隱曰按家語云孔子嗤季桓子作歌引詩曰彼婦之口可以出走彼婦之謁可以死敗優哉游哉聊以卒歲此是五章之刺也 猶莫之化陵遲以至六國流沔沈佚遂往不返卒於喪身滅宗并國於秦秦二世尤以為娛丞相李斯進諫曰放棄詩書極意聲色祖伊所以

懼也 正義曰祖伊諫𢐟紂紂不聽孔安國云祖己後賢臣也 輕積細過恣心長夜紂所以亡也趙高曰五帝三王樂各殊名示不相襲朝廷下至人民得以接歡喜合殷勤非此和説不通解澤不流 正義曰説音悅解音蟹言非此樂和適亦悅樂之不通散恩澤之事不流各一世之化也諫二世故名之也 亦各一世之化度時之樂何必華山之騄耳而后行遠乎二世然之高祖過沛詩三侯之章令小兒歌之 索隱曰按過沛詩即大風歌也其辭曰大風起兮雲飛揚威加海內兮歸故鄉安得猛士兮守四方是也侯語辭也詩曰侯其禕而者是也兮亦語辭也沛詩有三兮故云三侯也 高祖崩令沛得以四時歌儛宗廟孝惠孝文孝景無所增更於樂府習常肄舊而已 正義肄音日

異至今上即位作十九章索隱曰按礼樂志安世房中樂有十九章令侍中李延年次序其聲拜爲協律都尉通一經之士不能獨知其辭皆集會五經家相與共講習讀之乃能通知其意多爾雅之文漢家常以正月上辛祠太一甘泉以昏時夜祠到明而終常有流星經於祠壇上使僮男僮女七十人俱歌春歌青陽夏歌朱明瓚曰爾雅云春曰青陽夏曰朱明秋歌西皞韋昭曰西方少皞也冬歌玄冥正義曰禮記月令云玄冥水官也世多有故不論索隱曰言四時歌多有其詞故此不論載今見漢書禮樂志又嘗得神馬渥洼水中李斐曰南陽新野有暴利長當武帝時遭刑屯田燉煌界人數於此水旁見羣野馬中有奇異者與凡馬

異來飲此水旁利長先爲土人持勒靽於水傍後馬玩習久之代土人持勒靽收得其馬獻之欲神異此馬云從水中出蘇林曰洼音窐曲之窐也○索隱曰洼音烏花反蘇林音窐窐即窊也復次以爲太一之歌歌曲曰太一貢兮天馬下索隱曰按礼樂志貢作况况與貢意亦通○正義曰太一北極大星也霑赤汗兮沬流赭應劭曰大宛馬汗血霑濡也流沬如赭騁容與兮跇萬里孟康曰跇音逝如淳曰跇謂超踰也○索隱曰鄒誕生云跇一作世音跇今安匹兮龍爲友後伐大宛得千里馬馬名蒲梢應劭曰大宛舊有天馬種蹋石汗血汗從前肩髆出如血號一日千里○索隱曰梢音史交反又作騷亦同音次作以爲歌歌詩曰天馬來兮從西極經萬里兮歸有德承靈威兮降外國涉流沙兮四夷服中尉汲黯進曰凡王者作樂上以承祖宗下以化兆

民今陛下得馬詩以爲歌協於宗廟先帝百姓豈能知其音邪上默然不說丞相公孫弘曰黯誹謗聖制當族

凡音之起由人心生也正義曰皇侃云此章有三品故名爲樂本備言音聲所起故名樂本夫樂之起其事有二一是人心感樂樂聲從心而生一是樂感人心心隨樂聲而變也人心之動物使之然也正義曰物者外境也外有善惡來觸於心則應觸而動故云物使之然也感於物而動故形於聲鄭玄曰宮商角徵羽雜比曰音單出曰聲形猶見也王肅曰物事也謂哀樂喜怒和敬之事感人而動見於聲聲相應故生變鄭玄曰樂之器彈其宮則衆宮應然而不足樂是以變之使雜也○正義曰崔靈恩云緣五聲各自相應不足爲樂故變使雜令聲音諧和也變成方謂之音鄭玄曰方猶文章○正義曰皇侃云單聲不足故變雜五聲使交錯成文乃謂爲音也比音而樂之及干戚羽旄謂之樂

也鄭玄曰干楯也戚斧也武舞所執也羽翟羽也旄旄牛尾文舞所執也○正義曰比音鼻次也音五音也言五音雖雜猶未足爲樂復須次比器之音及文武所執之物共相諧會乃是由音得名爲樂武陰文陽故所執有輕重異樂者音之所由生也正義曰合音乃成樂是樂由音而生諸樂生起所由之生也其本在人心感於物也正義曰本猶初也物外境也言將欲明樂隨心見故更陳此句也是故其哀心感者其聲噍以殺鄭玄曰噍踧也○索隱曰焦音如字鄒誕生作噍音將妙反○正義曰殺所介反噍踧急也若外境痛苦則其心哀感哀感在心故樂聲踧急而殺也此下六者皆人君見前境來感己而制樂音隨心見之也其樂心感者其聲嘽以緩鄭玄曰嘽寬綽之貌○正義曰嘽寬也若外境可美則其心歡樂歡樂在心故樂聲必隨而寬緩也其喜心感者其聲發以散鄭玄曰發揚也○正義曰若外境會意其心喜悅悅喜在心故樂聲發揚也其怒心感者其聲麤以厲正義曰若外境乖失故己心怒謂怒隨心心隨

怒而發揚故無毅硋則樂聲麁麤彊而嚴厲也其敬心感者其聲直以廉正義
曰廉隅也若外境尊高故己心悚敬悚敬在內則樂聲直而有廉角也其愛心感者其聲
和以柔正義曰柔軟也若外境憐慕故己心愛惜愛惜在內則樂和柔也六者非性也
正義曰性本靜寂無此六事六事之生由應感見而動故云非性感於物而後動鄭玄曰言
人聲在所見非有常是故先王慎所以感之正義曰六事隨見而動非關本性先
王聖人在上制正礼以防之故先王慎所以感之者也故禮以道其志樂以和
其聲政以壹其行正義曰胡孟反刑以防其姦禮樂刑
政其極一也鄭玄曰極至也○正義曰四事防慎所感之由也用禮教尊其志用出樂諧和其聲用法
律齊其行用刑辟防其凶民不復流僻徒感防之使同其一敬不爲非也極至也所以同民心
而出治道也鄭玄曰此其所謂至也○正義曰上四事功成民同其心俱不邪僻故治道出也民

心所觸有前六者不同故聖人用後四者制之凡音者生人心者也正義曰此樂本章第
二段明樂感人心也人心即君人心也樂音善惡由君上心之所好故云生於人心者也情動於中故
形於聲正義曰情君之情也中猶心也心既感物而動故形見於聲也聲成文謂之
音正義曰謂之音清濁雖異各見於外成於文彩並謂之音也是故治世之音安
以樂其政和正義曰樂音洛言平理之世其樂音安靜而歡樂也正政同也亂世之音
怨以怒其政乖徐廣曰一作煩○正義曰亂世之音民心怨怒樂聲亦怨由其政爭僻故亡
國之音哀以思其民困正義曰思音四亡國謂將欲滅亡之國樂音悲哀而愁思
亡國之時民之心哀思其樂音亦哀思由其民困苦故也聲音之道與政通矣鄭玄
曰言以八音和否隨政也○正義曰政和則聲音安樂政乖則聲音怨怒是聲音之道與政通矣宮爲君
王肅曰居中揔四方○索隱曰宮絃最大用八十一絲聲重而尊故爲君○正義曰宮屬土居中央揔四方君之象也

商爲臣王肅曰秋義斷○索隱曰商是金金爲決斷臣事也絃用七十二絲次宮如臣次君者也角爲民王肅曰春物並生各以區别民之象也○索隱曰絃用六十四絲聲居宮羽之中比君爲劣比物爲優故云清濁中人之象也○正義曰角屬木以其清濁中民之象徵爲事王肅曰夏物盛故事多○索隱曰徵屬夏夏時生長萬物皆成形體事亦有體故配事絃用五十四絲○正義曰徵屬火以其徵清事之象也羽爲物王肅曰冬物聚○索隱曰羽爲水冣清物之象故爲物絃用四十八絲五者不亂則無怗懘之音矣鄭玄曰怗懘獘敗不和之貌也○索隱曰又本作怗懘省也○正義曰怗弊也懘敗也君臣民事物五者各得其用不相壞亂則五音之響無獘敗也宮亂則荒鄭玄曰荒猶散○正義曰宮亂則其聲放散由其君驕溢故也其君驕商亂則搥徐廣曰搥今禮作陂也○索隱曰搥音都回反陂音詖○正義曰商音亂其聲欹邪不正由其臣不理於官壞故也其臣壞角亂則憂正義曰角音亂其聲憂愁由政虐民怨故也其民怨徵亂則哀正義曰徵音亂其聲哀苦由繇役不休其民事勤勞也其事勤羽亂則危正義曰羽音亂其聲傾危由君賦重於其民貧乏故也其財匱五者皆亂迭相陵謂之慢正義曰迭互也陵越也五聲並不和則君臣上下互相陵越所以謂之爲慢也如此則國之滅亡無日矣鄭玄曰君臣民事物也其道亂則其音應而亂也○索隱曰無日猶言無復一日也以言君臣夌慢如此無復一日則國之滅亡朝夕可待也鄭衛之音亂世之音也比於慢矣鄭玄曰比猶同○正義曰鄭音好濫淫志衛國之音促速煩志並是亂世音雖亂而未滅亡故比慢也比必以反桑間濮上之音鄭玄曰濮水之上地有桑間在濮陽南○正義曰昔殷紂使師延作長夜靡靡之樂以致亡國武王伐紂此樂師師延將樂器投濮水而死後晉國樂師師涓夜過此水聞水中作此樂因聽而寫之既得還國爲晉平公奏之師曠撫之曰此亡國之音也得此必於桑間濮上乎紂之所由亡也亡國之音也其政散其民流誣上行私而不可止正義

曰若用此濮上之音其政必離散而民人流徙逃亡縁臣無上各行私情國即滅亡而不可禁止也凡音者
生於人心者也正義曰此樂章第三段也前第一明人心感樂第二段明樂感人心此段聖人
制正樂以應之此段自有二重自凡音至反人道爲一重却應第二段樂感人心也又自人心生而靜至王道備矣爲一
重却應第一段人心感樂也樂者通於倫理者也鄭玄曰倫猶類也理分也○正
義曰音初生自君心形而成樂樂成則能通於百姓使各盡其類分故曰通倫理者也是故知聲而
不知音者禽獸是也知音而不知樂者衆庶是
也唯君子爲能知樂鄭玄曰禽獸知此爲聲耳不知其宮商之變八音並作克諧曰
樂是故審聲以知音正義曰聲爲音本若欲知音當須審定其聲然後音可知審
音以知樂正義曰音爲樂本前審定其音然後可知樂也審樂以知政正義曰樂
爲政本前審定其樂然後政可知也而治道備矣正義曰前審定其本後識其末則爲治之道乃

可備也是故不知聲者不可與言音不知音者不
可與言樂知樂則幾於禮矣鄭玄曰幾近也○正義曰禮謂治國之禮包萬
事萬事備具始是禮極今知樂者但正君臣民事物五者之情於禮未極故云幾於禮也禮樂皆得謂
之有德德者得也鄭玄曰聽樂而知政之得失則能正君臣民事物之禮○正義曰若聽樂
而知禮則是禮樂皆得二者備具則是有德之君也又言有德之人是能得禮樂之情故云德者得也是故
樂之隆非極音也鄭玄曰隆猶盛也極猶窮也○正義曰大樂之盛本在移風易俗非窮鐘
鼓之音故云非極音也故論語樂云樂云鐘鼓云乎哉是也食饗之禮非極味也正義
曰食音嗣食享謂宗廟祭也夫禮之盛本在安上治民非崇玉帛至味故云非極味也故論語禮云禮云玉帛云乎哉是
也清廟之瑟鄭玄曰清廟謂作樂歌清廟王肅曰於清廟中所鼓之瑟朱絃而疏
越鄭玄曰越瑟底孔畫疏之使聲遲一倡而三歎有遺音者矣鄭玄

曰遺猶餘也王肅曰未盡音之極○正義曰倡音唱一唱謂一人始唱歌三嘆謂三人讚嘆也樂歌此文王之道不極音聲故但以熟弦廣孔少唱寡和此音有德傳於無窮是有餘音不已一云所重在德本不在音是有遺餘音念之不忘也

大饗之禮正義曰大享即食享也變食言大崇其名故也不尚重味故食言大也此言禮盛不作至味之事尚玄酒正義曰祫祭之禮則列玄尊在上五齊在下也而俎腥魚正義曰凡俎有肴生腊是俎腥魚者生魚也俎雖有三牲而兼載生魚也大羹不和正義曰和胡卧反大羹肉汁也祫祭有肉汁爲羹無鹽菜之芼和也有遺味者矣正義曰遺亦餘也此著質素之食禮人主誠設之道不極滋味故尚明水而腥魚此禮可重流芳竹帛傳之無已有餘味一云禮本在德不在甘味故用水魚而遺味也

是故先王之制禮樂也非以極口腹耳目之欲也將以教民平好惡而反人道之正也鄭玄曰教之使知好惡○正義曰好火到反惡一故反平均也言先王制禮作樂本是教訓澆民平於好惡之理故去惡歸善不爲口腹耳目之欲令反歸人之正道也

人生而靜天之性也正義曰此第三段第二重也人初生未有情欲其情欲至靜稟于自然是天之性也感於物而動性之頌也徐廣曰頌音容今禮作欲○正義曰其心雖靜感於外情因物而動是性之貪慾也物至知知然後好惡形焉王肅曰事至能以智知之然後情之好惡見○正義上知音智好惡無節於內知誘於外不能反己天理滅矣王肅曰內無定節智爲物所誘於外情從之動而失其天性○正義曰言好惡不自節量於心唯知情慾誘之於外不能反還己躬之善則天性滅絕矣

夫物之感人無窮而人之好惡無節則是物至而人化物也鄭玄曰隨物變化○正義曰夫物不一故言無窮也若人心嗜慾無度隨好惡不能節之則與之而化故云人化物人化物也者滅天理而窮人欲者也鄭玄曰言無所不爲○正義曰心隨物化則滅天性而恣人心之欲也於是有悖逆詐僞

之心有淫泆作亂之事是故彊者脅弱衆者暴寡知者詐愚勇者苦怯疾病不養老幼孤寡不得其所此大亂之道也是故先王制禮樂人爲之節鄭玄曰爲作法度以遏其欲也王肅曰以人爲之節言得其中也衰麻哭泣正義曰此以下並是陳禮節人之事也制五服哭泣所以紀喪事之節而不使背死忘生也事死者難故以哀哭爲前也所以節喪紀也鐘鼓干戚所以和安樂也婚姻冠笄所以別男女也鄭玄曰男二十而冠女許嫁而笄○正義曰冠音貫笄音雞射鄉食饗所以正交接也鄭玄曰射鄉大射鄉飲酒禮節民心樂和民聲政以行之刑以防之禮樂刑政四達而不悖則王道備矣樂者爲同禮者爲異鄭玄曰同謂協

好惡也異謂別貴賤○正義曰此第二章名爲樂論其中有四段此章論禮樂同異也夫樂使率土合和是爲同也禮使父子殊別是爲異也同則相親異則相敬樂勝則流王肅曰流遁不能自還禮勝則離王肅曰離析而不親○正義曰勝式證反勝猶過也禮樂雖有同異而又相須也若樂過和同而無禮則流慢無復尊卑之敬若禮過殊隔無樂則親屬離析無復骨肉之愛也合情飾貌者禮樂之事也鄭玄曰欲其並行彬彬然○正義曰樂和內是合情也禮檢迹是飾貌也禮義立則貴賤等矣鄭玄曰等階級樂文同則上下和矣正義曰文謂聲成文也若作樂文采諧同則上下並和是樂和民聲也好惡著則賢不肖別矣正義曰好惡並去聲又並如字著張慮反若法律分明善惡章著則賢愚斯別是政化行矣刑禁暴爵舉賢則政均矣正義曰王者爲用刑則禁制暴慢疏爵以舉賞賢良則政治均平是刑以防之矣既是禁暴而又言舉賢者示刑㝡爲重不宜獨行必須賞罰兼明也然禮樂之用非政不行

明須四事連行也仁以愛之義以正之如此則民治行矣正義曰言禮樂刑政既均又須仁以愛民義以正民如此則民順理正行矣樂由中出鄭玄曰和在心○正義曰此樂論第二段謂樂功也出猶生也爲人在中和有未足故生此樂禮自外作鄭玄曰敬在貌○正義曰作猶起也爲人在外敬有未足起此禮也樂由中出故靜正義曰樂和心在內故云靜禮自外作故文鄭玄曰文猶動○正義曰禮肅人貌貌在外故云動大樂必易正義曰易以豉反朱絃疏越是也大禮必簡鄭玄曰易簡若於清廟大饗然○正義曰玄酒腥魚是也樂至則無怨禮至則不爭鄭玄曰至猶達也行也○正義曰樂行主和和達則民無復怨怒也禮行主謙謙達則民不爭競也揖讓而治天下者禮樂之謂也暴民不作諸侯賓服兵革不試鄭玄曰賓協也試用也五刑不用百姓無患天子不怒如此則樂

達矣合父子之親正義曰前云禮至不爭故致天下尊卑之序也禮使父慈子孝是合父子之親也即父事三老也明長幼之序正義曰長坐幼立是明長幼之序即兄事五更是也以敬四海之內正義曰孝經云教以孝所以敬天下之爲人父教以弟所以敬天下之爲人兄教以臣所以敬天下之爲君即是敬四海之內也天子如此則禮行矣正義曰言天子能躬行禮則臣下必用禮如此則禮行矣合父子以下悉自天子自身行之也大樂與天地同和正義曰此樂論第三段論禮與樂唯聖能識也言天地以氣氤氲合生萬物大樂之理順陰陽律呂生養萬物是大樂與天地同和也大禮與天地同節鄭玄曰言順天地之氣與其數也○正義曰言天有日月地有山川高卑殊形生用各別大禮辯尊卑貴賤等差異別是大禮與天地同節和故百物不失鄭玄曰不失其性○正義曰樂與天地同和能生成性萬物節故祀天祭地鄭玄曰成物有功報焉○正義曰禮與天地生成同節有尊卑上下報萬物之功明則有禮樂鄭玄

曰教人者也○正義曰明猶外也言聖王能使樂與天地同和禮與天地同節又能顯明其禮樂以教人也幽則有鬼神鄭玄曰助天地成物者也易曰知鬼神之情狀然則聖人精氣謂之神賢智之精氣謂之鬼也○正義曰幽內也言聖王又能內敬鬼神助天地生成萬物如此則四海之內合敬同愛矣正義曰言行禮同節故四海合敬矣樂同和故四海同愛矣禮者殊事合敬者也正義曰尊卑貴賤之別是殊事也施之同以莊敬是合敬也樂者異文合愛者也正義曰宮商錯而成文隨事而制變是異文同以勸愛是合愛也禮樂之情同故明王以相沿也鄭玄曰沿猶因述也殷因於夏周因於殷○正義曰樂情主和禮情主敬致化是同以其致化情同故明王相因述也故事與時並鄭玄曰舉事在其時也王肅曰有其時然後得立其事○正義曰言聖王所爲之事與所當之時並行也若堯舜揖讓之事與淳和之時並行湯武干戈之事與澆薄之時並行此句明礼也名與功偕鄭玄曰爲名在於其功也偕猶俱也王肅曰有功然後得受其名○正義曰名謂樂名也偕俱也功者揖讓干戈之功也聖王制樂之名與所建之功俱作也若堯舜樂名咸池大韶湯武樂名大護大武也故鐘鼓管磬羽籥干戚樂之器也正義曰此陳樂事也鐘鼓之屬是樂之器有形質故爲事也詘信俯仰級兆舒疾徐廣曰級今礼作綴駰案鄭玄曰兆其外營域○索隱曰綴舞者酇列也又按下文其舞行及遠及短禮皆作綴蓋是字之殘缺訛變耳故此爲級而下又爲及也並依字讀義亦雖通恐違古記耳樂之文也正義曰文飾之事也簠簋俎豆制度文章禮之器也升降上下周旋裼襲禮之文也故知禮樂之情者能作正義曰既能窮本知末知變又能著誠去僞所以能述作故謂之聖也識禮樂之文者能述鄭玄曰述謂訓其義○正義曰謂上文屈伸俯仰升降上下也作者之謂聖正義曰堯舜禹湯之屬是也述者之謂明正義曰游夏之屬是也明聖者述作之謂

也樂者天地之和也禮者天地之序也正義曰此樂論第四段也謂禮樂之情也樂法天地之氣故云天地之和禮法天地之形故云天地之序禮樂從天地而來王者必明於天地然後能興禮樂也和故百物皆化序故羣物皆別鄭玄曰化猶生也別謂形體異樂由天作禮以地制鄭玄曰言法天地○正義曰天用和氣化物物從氣化是由天作也地有高下區分以生萬物禮有品節殊文是由地制也過制則亂過作則暴鄭玄曰過猶誤也暴失文武意也明於天地然後能興禮樂也正義曰禮樂既不可誤故須明天地者乃可制作也論倫無患樂之情也王肅曰言能合道論中倫理而無患也○正義曰既云唯聖人識禮樂之情此以下更說其情狀不同也倫類也賀瑒云樂使物得類序而無害是樂之情也欣喜驩愛樂之容也正義曰容猶事也賀瑒云八音克諧使物欣喜此樂之事迹也中正無邪禮之質也鄭玄曰質猶本○正義曰明禮情也質本也禮以心內中正無有邪僻是禮之本莊敬恭順禮之制也正義曰明禮情之事也謂容貌莊敬謙恭謹慎是禮之節制也若夫禮樂之施於金石越於聲音用於宗廟社稷事于山川鬼神則此所以與民同也王肅曰自天子至民人皆貴禮之敬樂之和以事鬼神先祖也○正義曰言四者施用祭祀隨世而異則前王所不專故文云則此所以與民同言隨世也王者功成作樂治定制禮鄭玄曰功成治定同時耳功主于王業治主于教民○正義曰此第三章名樂禮章言明王爲治制禮作樂故名樂禮章其中有三段一明禮樂齊其用必對二明禮樂法天地之事三明天應禮樂也其功大者其樂備其治辨者其禮具徐廣曰辨一作別駰案鄭玄曰辨偏也○正義曰辨皮勉反又邊練反夫禮樂必由功治有小大故禮樂應之而廣狹也若上世民淳易化故王者功治廣偏是以禮樂備也而殷周民澆難化故王者功治偏狹則禮樂亦不具干戚之舞非備樂也鄭玄曰樂以文

德爲備若咸池也○正義曰諸樂不備也干戚周武也樂以文德爲備故用朱絲疏越干戚之舞故非備樂也亨孰而祀非達禮也鄭玄曰達猶具也至敬不饗味而貴氣臭○正義曰解禮不具也謂腥俎玄尊表誠象古而已不在芬苾孰味是乃澆世爲之非達禮也五帝殊時不相沿樂三王異世不相襲禮鄭玄曰言其有損益○正義曰庾蔚之云樂興於五帝禮成於三王樂興王者之功禮隨世之質文崔靈恩云五帝淳澆不同故不得相沿爲樂三王文質之不等故不得相襲爲禮樂極則憂禮粗則偏矣鄭玄曰樂人之所好也害在淫侉禮人之所勤害在倦略及夫敦樂而無憂鄭玄曰敦厚也禮備而不偏者其唯大聖乎天高地下萬物散殊而禮制行也鄭玄曰禮爲異○正義曰天高於上地卑於下萬物布散殊別於其中而大聖制禮別異尊卑是衆大而行故云禮制行矣禮以節制爲義故云禮制流而不息合同而化而樂興也鄭玄曰樂爲同○正義曰

天地二氣流行不息合同氤氳化生萬物而大聖作樂合同人心是以象天地而起故云樂興也春作夏長仁也秋斂冬藏義也仁近於樂義近於禮鄭玄曰言樂法陽而生禮法陰而成○正義曰近其斬反春夏生長萬物故爲仁愛樂主陶和萬性故仁近於樂也秋則殺斂冬則蟄藏並是義主斷割禮爲節限故義近於禮也樂者敦和率神而從天鄭玄曰敦和樂貴同○正義曰此釋仁近樂之義言樂之爲體敦厚和同因循聖人之神氣而從順於天禮者辨宜居鬼而從地鄭玄曰別宜禮尚異也孫炎曰居鬼品處人鬼之志○正義曰此解義近禮之由居鬼猶循神也鬼謂先賢也禮之爲體尊卑殊別各有其宜因居先賢鬼氣而從順於地分別禮分故聖人作樂以應天作禮以配地禮樂明備天地官矣鄭玄曰各得其事也王肅曰各得其位也天尊地卑君臣定矣正義曰此樂禮章第二段也明樂禮法天地事也言君尊於上臣卑於下是象天地定矣高卑已陳貴賤

位矣鄭玄曰高卑謂山澤也位矣尊卑之位象山澤動靜有常小大殊矣鄭玄曰動靜陰陽用事也小大萬物也大者常存小者隨陰陽出入方以類聚物以羣分則性命不同矣鄭玄曰方謂行蟲物謂殖生者性之言生也命生之長短○正義曰性生也萬物各有嗜好謂之性命者長短夭壽也所祖之物既稟大小之殊故性命夭壽不同也在天成象在地成形鄭玄曰象光耀形體貌○正義曰言日月星辰之光耀草木鳥獸之體貌也如此則禮者天地之別也正義曰結禮之別也此天地明聖制禮殊別是天地之分別也亦別辨宜居鬼而從地也地氣上隮鄭玄曰隮升也天氣下降正義曰明禮樂法天地氣也天地二氣之升降合而生物故樂以氣法地弦歌聲氣升降相合以敎民也然氣從下升此樂象氣故從地始也形以上尊故禮象形從天始也陰陽相摩正義曰二氣切摩而萬物生發作樂亦令聲氣切摩使民心生敬也天地相蕩鄭玄曰蕩動也○正義曰天地八節蕩動也天地化物八節更相感動作樂亦令八音相感動也

鼓之以雷霆正義曰萬物雖以氣生而物未發故雷霆以鼓動之如樂用鍾鼓以發節也大雷曰霆奮之以風雨鄭玄曰奮迅也○正義曰萬物皆以風雨奮迅而出如樂用舞奮迅以象之使發人情也動之以四時正義曰萬物生長隨四時而動如樂各逐心內所須而奏之煖之以日月正義曰煖音喧遠反萬物之生必須日月煖照如樂有蘊藉使人宣昭也蘊藉者歌不直言而長言嗟歎之屬也而百物化興焉鄭玄曰百物化生如此則樂者天地之和也正義曰結樂之和也如此有聖人作樂法天地和同是樂者天地之和也亦是敦和率神而從天地化不時則不生正義曰此樂禮章第三段明天地應於禮樂也前聖人既作禮樂此明天地應樂也若人主行化失時天地應以惡氣毀物故云化不時則不生也男女無別則亂登鄭玄曰登成也樂失則害物禮失則亂人○正義曰此明天地應禮也登成也若人君行禮男女無別則天地應而錯亂成之也此天地之情也正義曰結隨禮得失而應之是天地之情也然樂是氣化故云害物

禮是形教故言亂人也及夫禮樂之極乎天而蟠乎地鄭玄曰極至也蟠猶委也行乎陰陽而通乎鬼神正義曰言陰陽和四時順以應禮樂禮樂與鬼神並助天地而成化也窮高極遠而測深厚鄭玄曰高遠三辰也深厚山川也言禮樂之道上至於天下委於地則其間無所不之樂著太始而禮居成物王肅曰著明也明太始謂法天也成物謂地也居亦謂法也○索隱曰樂能明太始是法天也地能成萬物故禮所以法地也○正義曰著猶處也天為萬物之始故曰太始天蒼而氣化樂亦氣化故云處太始也成物地也體盤薄長成萬物也在地成形禮亦形教故云居成也地卑故曰居天高故曰著也著不息者天也著不動者地也鄭玄曰著猶明白也息謂休止也○索隱曰運生不息者天之功也故易乾卦云天行健君子以自強不息著養萬物不動者地之德也故易坤卦云安貞之吉是也○正義曰此美禮樂配天地也著亦處也言樂氣處運生不息者配天也禮制尊卑定位成養萬物處不移動者配地也一動一靜者

天地之間也鄭玄曰間謂百物也○正義曰此美禮樂若分則配天地若合則與百物齊一也靜動而生百物稟天動地靜而生故呼百物為天地之間也故聖人曰禮云樂云鄭玄曰言禮樂之法天地也○正義曰引聖證此章也言聖人云明此一章是禮樂法天地也故言聖人曰禮云樂云樂動禮靜其並用事如天地間物有動靜也昔者舜作五絃之琴以歌南風鄭玄曰南風長養之風也言父母之長養已也其辭未聞也王肅曰南風育養民之詩也其辭曰南風之薰兮可以解吾民之慍兮○索隱曰此詩之辭出尸子及家語○正義曰此第四章明樂施明禮樂前備後施布天下也中有三段一明施樂以賜諸侯也二明施樂須節既賜之所以宜節也三明禮樂所施各有本意本德世本神農作琴今云舜作者非謂舜始造也改用五弦琴特歌南風詩始自舜也五弦者無文武二弦唯宮商角徵羽之五絃也南風是孝子之詩也南風養萬物而孝子之歌也得父母生長如萬物得南風也舜有孝行故以五絃之琴歌南風詩以教理天下之孝也夔始作樂以賞諸侯鄭玄曰夔欲舜與天下之君共此樂故天子之為

樂也以賞諸侯之有德者也德盛而教尊五穀時孰正義曰陳其合賞也若諸侯孝德明盛教化尊嚴年穀豐稔故天子賞樂也天下因而法之也然後賞之以樂故其治民勞者其舞行級遠正義曰行音胡郎反級音子衞反本或作綴音同此明雖得樂賜而隨功德優劣也舞位行列也綴謂纘列也若諸侯治民勞苦由君德薄王賞之以樂則舞人少不滿將去纘疏遠也其治民佚者其舞行級短王肅曰遠以象民行之勞近以象民行之逸○正義曰佚音逸若諸侯治民暇逸由君德盛王賞舞人多則滿將去纘促近也庾蔚之云此爲虞夏禮也虞猶淳故可隨功賜樂殷周漸澆易生怨怨不宜猶有優劣是以同制諸侯六佾故與周禮不同也故觀其舞而知其德正義曰觀其佾位人多少去綴近遠即知其君德薄厚也聞其謚而知其行鄭玄曰謚者行之迹○正義曰行音故孟反制死謚隨君德故聞死謚則知生行此一句比擬其儛也大章章之也鄭玄曰堯樂名言堯德章明○正義曰既生時舞則知德死則聞謚驗行故更引死後聞樂則知行事解之也大章堯樂也章明也民樂堯德大明故名樂曰大章後人聞大章則知堯生時德大明上章是堯德之明下章是後明於堯德白虎通云大章大明天地之道咸池備也鄭玄曰黃帝所作樂名堯增修而用之咸皆也池之言施也言德之無不施也王肅曰包容浸潤行化皆然故曰備也韶繼也鄭玄曰舜樂名言能繼堯之德夏大也鄭玄曰禹樂名言禹能大堯舜之德殷周之樂盡也鄭玄曰言盡人事也周禮曰殷曰大護周曰大武天地之道寒暑不時則疾正義曰此則樂施章第二段明施樂須節也既必須節故引譬例寒暑天地之氣也若寒暑不得則民多疾疫也風雨不節則饑正義曰風雨天事也風雨有聲形故爲事也若飄灑凄厲不有時節則穀損民饑也教者民之寒暑也鄭玄曰教謂樂也教不時則傷世正義曰寒暑不時既爲民疾苦樂教不時則傷世俗之化也事者民之風雨也事不節則無功正義曰風雨不節則民饑饉禮事不節則治無功也然

則先王之爲樂也以法治也王肅曰作樂所以法其治行也善則行象德矣王肅曰君行善即臣下之行皆象君之德○正義曰此廣樂所以須節已言先王爲樂必以法治治善則臣下之行皆象君之德也夫豢豕爲酒鄭玄曰以穀食犬豕曰豢爲作也非以爲禍也正義曰此言禮須節也豢養也言前王豢犬豕及作酒之事本以爲禮祀神祇設賓客和親族禮賢能而賓非爲民作禍災也而獄訟益煩則酒之流生禍也鄭玄曰小人飲之善酗以致獄訟○正義曰此禮事也言民得豢酒無復節限卒至沉酗鬬爭殺傷而刑獄益生煩多則是酒之流害生其禍也是故先王因爲酒禮一獻之禮賓主百拜鄭玄曰一獻士飲酒之禮百拜以喻多也終日飲酒而不得醉焉此先王之所以備酒禍也故酒食者所以合歡也正義曰此結節功也既防酒禍故飲不醉爭以時合歡適也樂者所以象德也正義曰此樂施

章第三段明禮樂之所施各有本意在於象德也此言樂意也言樂之所施於人本有和愛之德禮者所以閉淫也正義曰此言禮意也言禮之所施於人大上邪淫過失也是故先王有大事必有禮以哀之鄭玄曰大事謂死喪○正義曰民有喪則先王制衰麻哭泣之禮以節之使其各遂哀情是禮以哀之也有大福必有禮以樂之正義曰樂音洛大福祭祀者慶也民慶必歌舞飲食庶羞之禮使不過而各遂歡樂是有以樂之也哀樂之分皆以禮終正義曰分扶問反結二事哀樂雖反皆用禮節各終其分故云皆以禮終樂也者施也禮也者報也鄭玄曰言樂出而不反而禮有往來○正義曰施式豉反此第六段樂象法章第五段不以次第而亂升在此此段明禮樂用別也庾蔚之云樂者所以宣暢四氣導達情性功及物而不知其所報即是出而不反所以謂施也禮者所以通彼之意故有往必有來所以謂報也樂樂其所自生鄭玄曰自由也○正義曰此廣施也樂名所起由民下之心所樂生非有所報也而禮反其所自

始正義曰此廣報也反猶報也禮生無名但是事耳隨時得質文之事而報之樂章德正義曰聞名知德若大章是也禮報情反始也孫炎曰作樂者緣民所樂於己之德若舜之民樂其紹堯也周之民樂其伐紂而作韶武也制禮者本己所由得民心殷尚質周尚文是也○正義曰禮報人情而制隨質文之始也所謂大路者天子之輿也正義曰此以下廣言禮以報爲體之事輿車也大路天子之車也諸侯朝天子脩其職貢若有勳勞者天子賜之大路也龍旂九旒天子之旌也正義曰庾蔚之云龍旂九旒上公之旌青黑緣者天子之葆龜也公羊傳曰龜青緣何休曰緣甲頓也千歲之龜青頓明乎吉凶也○索隱曰葆與寶同史記多作此字頓音耳占反○正義曰緣以綃反從之以牛羊之羣則所以贈諸侯也鄭玄曰贈諸侯謂來朝將去送之以禮也○正義曰合結上諸事皆是天子送諸侯禮也言五等諸侯朝畢反去天子贈之大路龍旂寶龜又送以牛羊之羣也樂也者情之不可變者也

正義曰此第七章明樂之情與之符達鬼神合而不可變也中有三段一明禮樂情達鬼神也二證禮樂達鬼神之事三明識禮樂之本可尊也前第六章明象象必見情故以樂主情樂變則情變故云情之不可變也禮也者理之不可易者也鄭玄曰理猶事也○正義曰禮主事禮別也故云事之不可易者也樂統同正義曰解情不變也統領也同和合之情者也禮別異鄭玄曰統同和合也辨異異尊卑之位○正義曰解事不可易也禮別於尊卑之事也禮樂之說貫乎人情矣正義曰貫猶通也言人情莫過於同異而禮樂能統同辨異故其說理能通人情窮本知變樂之情也正義曰庾蔚之云樂能通和性分使各不失其所是窮自然之本也使人不守其所守是知變通之情也著誠去偽禮之經也正義曰著竹慮反去丘呂反著明也經常也著明誠信違去詐偽是禮之常行也禮樂順天地之誠正義曰見胡練反合明禮樂也禮出於地尊卑有序是見地情也樂出於天遠近和合是見天之情也達神明之德正義曰達通也禮樂不失

則天降甘露地出醴泉是通於神明之德也降興上下之神鄭玄曰降下也興猶出也○正義曰樂六變天神下八變地祇出是與降上下之神而凝是精粗之體領父子君臣之節鄭玄曰凝猶成也精粗謂萬物大小也領猶理治也是故大人舉禮樂則天地將為昭焉正義曰為于偽反昭音照此樂情章第二段明禮樂能通達鬼神之事前既云能通鬼神此明其事也大人聖人與天地合德故舉禮樂為教而天地從之大明也天地欣合陰陽相得正義曰欣喜也合猶蒸也禮樂化行故天氣下地氣蒸合陰陽交會故相得也論體謂之天地論氣謂之陰陽也煦嫗覆育萬物鄭玄曰氣曰煦體曰嫗然後草木茂區萌達鄭玄曰屈生曰區○正義曰區音勾草木據其成體之茂區萌據其新牙故曰達達猶出也菽豆之屬直出曰萌稻稷之屬也羽翮奮角觡生鄭玄曰無鰓曰觡○索隱曰牛羊有鰓曰角麋鹿無鰓曰觡○正義曰骼加客反羽翮鳥也角觡獸也鳥獸得天地覆育煦嫗故飛者則奮翅翮走者則生角觡也蟄蟲昭蘇鄭玄曰昭曉也凡蟄蟲以發出為曉更息曰蘇○正義曰蟄蟲得陰陽煦嫗故皆出地上如夜得曉如死更有氣也羽者嫗伏毛者孕鬻鄭玄曰孕任也鬻生也○正義曰伏旁富反羽鳥也毛獸也二氣既交萬物生乳故鳥生卵嫗伏之獸懷孕而生育之也胎生者不殰而卵生者不殈鄭玄曰內敗曰殰殈猶裂也○正義曰殰音讀殈音呼覓反胎生獸也卵生鳥也懷任在內而死曰殰卵坼不成子曰殈今和氣不殰殈也則樂之道歸焉耳孫炎曰樂和陰陽故歸此也○正義曰更蔚之云一論天地二氣萬物各得其所乃歸於樂耳樂者非謂黃鍾大呂弦歌干揚也鄭玄曰揚越也○索隱曰干楯也揚與鍚同皇侃以揚為舉恐非也○正義曰此樂情章第三段明識禮樂本者為尊識末者為卑黃鍾大呂之屬故云非謂也揚舉也謂舉楯以舞也樂之末節也正義曰黃鍾已下是樂之末節也故童者舞之正義曰末事易之不足貴重故使童子小兒舞奏之也布筵席陳樽俎列籩豆以

升降爲禮者正義曰此亦明末也用禮之本在著誠去僞安上理民不在鋪筵席摶俎升降爲禮之事也禮之末節也正義曰布筵以下是禮之末節也故有司掌之鄭玄曰言禮樂之本由人君也禮本著誠去僞樂本窮本知變○正義曰有司典禮小官也末節事易辭不爲可重故小官掌其事也樂師辯乎聲詩故北面而弦王肅曰但能別聲詩不知其義故北面而弦鄭玄曰弦謂鼓琴瑟○正義曰此更引事證樂師曉樂者辯別聲詩聲謂歌也言樂師雖能別歌詩並是末事故北面言坐處卑也宗祝辯乎宗廟之禮故後尸正義曰此禮事也宗祝大祝即有司之屬也雖能分別正宗廟之禮然佐於尸而非爲敬之主爲卑故在尸後也商祝辯乎喪禮鄭玄曰商祝習商禮者商人教以敬於接神故後主人鄭玄曰後尸居後贊禮儀也此言知本者尊知末者卑○正義曰商祝者習商之神祝習商家神祀以相佐喪事故云辯喪禮其雖掌喪事而非發哀之主故在主人後言立處賤也是故德成而上正義曰上謂堂也德成謂人君禮樂

德成則爲君故居堂上南面尊之也藝成而下正義曰下堂下也藝成謂樂師伎藝雖成唯識禮樂之末故在堂下北面卑之也行成而先正義曰行胡孟反先猶前也尸及喪主也行成謂尸尊而人孝故爲行成事成而後鄭玄曰德三德也行三行也藝才拔也先謂位在上也後謂位在下也○正義曰事爲劣故爲在宗商二祝也識尸及主人後也是故先王有上有下有先有後然後可以有制於天下也鄭玄曰言尊卑備乃可制作以爲治○正義曰故先王使上下前後尊卑分乃可制禮作樂以班於天下也如周公六年乃爲禮也樂者聖人之所樂也正義曰此樂施章第三段後也誤在此閑淫之後又用此章廣爲象其德故云聖人之所以觀德也而可以善民心其感人深其風移俗易故先王著其教焉鄭玄曰謂立司樂以下使教國子也夫人有血氣心知之性正義曰此第五章名樂言明樂歸趣之事中有三段一言人心隨王之樂也二明前王制正樂化民也三言邪

樂不可化民也前既以施人人必應之言其歸趣也此言人心隨王之樂也夫人不生則已既已生必有血氣心知之性也而無哀樂喜怒之常正義曰性合五常之行有喜怒哀樂之分但其發無常時隨外境所觸故亦無常也應感起物而動正義曰解所有四事之由也緣外物來感心心觸感來起動應之故有上四事也然後心術形焉鄭玄曰言在所以感之也術所由也形猶見也是故志微焦衰之音作鄭玄曰志微意細也吳公子札曰其細已甚而民思憂正義曰殺音所界反又色例反思音先利反此以下皆言心樂感而應見外事也若人君叢脞情志細劣其樂音唯感殺急不舒緩也音既局促故民應之而憂也嘽緩慢易繁文簡節之音作鄭玄曰簡節少易也而民康樂正義曰嘽昌單反易以豉反樂音洛嘽綽也緩和也慢疏也繁文多也康和樂安也言人君道德綽和疏易則樂音多文采與節奏簡略而下民所以安粗厲猛起奮末廣賁之音作王肅曰粗厲亢厲猛起發揚奮末浸疾廣賁廣大之也而民剛毅正義曰粗音麁賁房粉反又音憤粗略也厲嚴也猛剛起動也末支體也廣大也賁氣充也言人君若性麁嚴剛動而四支奮躍則樂充大民應之所以剛毅也廉直經正孫炎曰經法也○索隱曰經今禮本作勁莊誠之音作而民肅敬正義曰經音勁言人君廉直勁而剛正則樂音矜嚴而誠信故民應之所以肅敬也寬裕肉好王肅曰肉好言音之洪美順成和動之音作而民慈愛正義曰肉仁救反好火到反肉肥也謂音如肉之肥言人君寬容肥好則樂音順成而和動故民應之所以慈愛也流辟邪散狄成滌濫之音作王肅曰狄成言成而似夷狄之音也滌放蕩濫僭差也而民淫亂正義曰辟疋亦反邪音斜狄音惕狄滌皆往來疾速也往來速而成故云狄成往來疾而僭濫故云滌濫也言君上流淫縱僻回邪放散則樂音有往來速疾僭差之響故民應之而淫亂也心本無此六事由隨王而起也是故先王本之情性正義曰此樂言章第二段也前言民隨樂變此言先王制正樂化民也言聖人制樂必本人之性情也稽之度

數制之禮義正義曰稽考也制樂又考天地度數爲之如律呂應十二月八音應八風之屬也合生氣之和道五常之行鄭玄曰生氣陰陽也五常五行也○正義曰道音導行胡孟反合應也使之陽而不散陰而不密鄭玄曰密之言閉也○正義曰陽謂亶𣆀陽氣多人也陽氣舒散人亶𣆀陽多則奢陰氣閉密人亶𣆀陰多則密縝兮以樂通二者之性皆使中和故陽者不散陰者不密也剛氣不怒柔氣不懾鄭玄曰懾猶恐懼也○正義曰懾之涉反懼也性剛者好怒柔者好懼兮以樂和使各得其所不至怒懼也四暢交於中而發作於外正義曰四陰陽剛柔也暢通也交互也中心也兮以樂調和四事通暢交互於中心而行用舉動發於外不至散密怒懾者也皆安其位而不相奪也正義曰此結樂爲本情性之事也閉陽開陰抑剛引柔柔慾使中庸故天下安其位無復相侵奪之也然後立之學等鄭玄曰等差也各用其材之差學之也○正義曰前用樂陶情和暢然後乃以樂語樂舞二事教之民各隨已性才等差而學之以備分也

廣其節奏省其文采鄭玄曰廣增習之也省猶審習之也文采謂節奏合也以繩德厚也鄭玄曰繩猶度也王肅曰繩法也法其德厚薄也類小大之稱孫炎曰作樂器大小稱十二律○索隱曰類兮禮作律比終始之序鄭玄曰始於宮終於羽以象事行鄭玄曰宮爲君商爲臣使親疏貴賤長幼男女之理皆形見於樂正義曰此結本人之情以下緣本而教親疏以下之理悉章著樂功使聞者皆知而見緝睦情也故曰樂觀其深矣正義曰此引古語證觀感人之深矣土敝則草木不長水煩則魚鼈不大正義曰此樂言章第三段言邪樂不可化民將言邪樂之由故此前以天地爲譬言此以地爲譬言也弊猶勞熟煩猶數攪動也土過勞熟水過撓動則草木魚鼈不長大也氣衰則生物不育正義曰此以天譬言也氣者天時氣也氣若衰微則生物不復成遂也世亂則禮廢而樂淫正義曰此合譬也世謂時世亂其禮不備樂不節故

流淫過度水土勞褻則草木魚鼈不長大如時世濁亂之禮樂不可爲化矣是故其聲哀而不莊樂而不安正義曰樂音洛此謟樂淫之事也淫樂則聲哀而無莊故雖奏以自樂必致傾危非自安之道故云樂而不安若關雎樂而不淫哀而不傷則是有莊敬而安者也慢易以犯節正義曰易以豉反言無莊敬慢易也無節奏故云犯節也即是哀而不莊也流湎以忘本正義曰湎音沔靡靡無窮失於終止故言忘本即樂而不安也廣則容姦正義曰言淫慝禮樂聲無節也廣聲緩也容含也其聲緩者則含容姦偽也狹則思欲王肅曰其音廣大則容姦偽其狹者則使人思利欲也○正義曰狹聲急也其聲急者則思欲之攻也感滌蕩之氣而滅平和之德正義曰感動也言此惡樂能動善人滌蕩之善氣使失其所而滅善人平和之德也是以君子賤之也正義曰君子用樂調和是故賤於動滅平和之氣也凡姦聲感人而逆氣應之正義曰此第六章名象法也本第八失次也明人君作樂則天地必法象應之中有五段一明

淫樂正樂俱能成象二明君子所從正樂皆有本非可假偽四謟第三段有本不偽之由五明禮樂之用前有謟故明其用別也今此明淫正二樂俱能成象故先言淫樂爲習應人事也言君奏姦聲之樂以感動人民則天地應之而生逆亂之氣也逆氣成象鄭玄曰成象謂人樂習之也而淫樂興焉正義曰興生也若逆氣流行於世而民又習之爲法故云成象既習亂爲法故民之樂聲生於淫佚也正聲感人而順氣應之順氣成象而和樂興焉正義曰言順氣流行民習成法故樂聲亦生於和也倡和有應正義曰倡音昌尚反和胡卧反君唱之天地和之民應之故云唱和有應也回邪曲直各歸其分正義曰分房問反此是有應也回邪不正也曲折也直不邪也言相應和表直影正表曲影邪各歸其分也而萬物之理以類相動也正義曰姦聲致慝正響招順是以天下萬物之理各隨君善惡以類而相動也是故君子反情以和其志鄭玄曰反猶本也○正義曰此樂象章第二段也明君子從正樂也君子人君也反

猶本也民下所習既從於君故君宜本情不使流宕以自安和其志也比類以成其行正義曰行胡孟反萬物之理以類相動故君子比於正類以成己行也姦聲亂色不流聰明淫樂慝禮不接於心術惰慢邪辟之氣不設於身體正義曰此以下皆反情性之類事也術道也既本情和志又比類成行故姦聲亂色不留視聽淫樂穢禮不與心道相接情慢邪僻不設置己身也聲色是事故云聰明而氣無形故於身爲設也使耳目鼻口心知百體皆由順正以行其義正義曰百體謂身體百節既不行姦亂已下諸事故能使諸行並由順正以行其德美化其天下也不留聰明於姦聲亂色故耳目得順正也不用心術接淫慝禮樂故心知得順正也不設身於情僻故百體得順正也不言鼻口者嗜不一也亦因戒臭味順正也然後發以聲音文以琴瑟正義曰其身已正故然後乃可制樂爲化故用歌之音聲內發已之德用琴瑟之響外發已之行歌者在上此是堂上之樂故前明之也動以干戚飾以羽旄

從以簫管正義曰又用干戚羽旄簫管從而播之絲竹在下此是堂下之樂故後明之也奮至德之光動四氣之和以著萬物之理孫炎曰奮發也至德之光天地之道也四氣之和四時之化也著猶誠也是故清明象天廣大象地終始象四時周旋象風雨王肅曰清明廣大終始周旋皆樂之節奏容儀發動也○正義曰歷解樂所以能通天地言歌聲清明是象天氣也廣大謂鐘鼓有形質是象地形也謂奏歌周而復始如四時循還也若樂六變九變是也謂舞人廻旋如風雨從天而下五色成文而不亂八風從律而不姦百度得數而有常鄭玄曰五色五行也八風從律應節至也百度百刻也言日月晝夜不失正也王肅曰至樂之極能使然耳小大相成正義曰大小謂日晦小大相通以成歲也賀瑒云十二律互相爲宮羽而相成也終始相生正義曰歲月終而更始也賀瑒云五行宮商迭相爲終始也倡和清濁代相爲經鄭玄曰清謂蕤賓至應鐘也濁

謂黃鍾至仲呂也○正義曰代更也經常也日月半歲陰陽更相爲常也即還相爲宮也故樂行而倫
清鄭玄曰倫謂人道也○正義曰謂上正樂之行也謂下事張本也即樂行之事也由正樂既行故人民之道清
也耳目聰明正義曰不視聽姦亂故視聰聽明血氣和平正義曰口鼻心之百
體皆由從正故血氣和平移風易俗天下皆寧正義曰既皆由從正以行其義故風
移俗華天下陰陽皆安寧移是移徙之名易是改易之稱也文王之國自有文王之風桀紂之邦亦有桀紂之風桀紂之
後文王之風被於紂民易前之惡俗從今之善俗上行謂之風下習謂之俗故曰樂者樂也
正義曰引舊語樂名廣讃前事也前事邪正之樂雖異並是其人所樂故名曰樂也君子樂得其
道正義曰雖其人所樂而名爲樂而人心不同故所樂有異有異而名通故皆名樂君子堯舜也道謂仁義故制樂亦
仁義也小人樂得其欲正義曰小人桀紂也人欲邪淫也以道制欲則
樂而不亂正義曰若君子在上小人在下君子樂用仁義以制小人之欲則天下安樂而不敢爲亂也

以欲忘道則惑而不樂鄭玄曰道謂仁義也欲謂邪淫也○正義曰若小人在上
君子在下則小人肆縱其慾忘正道而天下從化皆爲亂惑不得安樂是故君子反情以
和其志正義曰若以道制欲則是君子以欲忘道則爲小人故君子之人本情脩性以和其志不使逐欲忘
道反情以至其行也廣樂以成其教正義曰內本情和志而外又廣於樂以成其教然後發以
聲音以著萬物之理也樂行而民鄉方正義曰君上內和志行樂教流行故民皆向君子之
道即仁義制欲者故樂行而倫清以至天下安寧也可以觀德矣鄭玄曰方猶道也○正義曰結
樂使人知上之事故觀知其德也德者性之端也正義曰此樂象章第二段明邪正有
本皆可爲也德得理也性之端本也言人稟性皆以得理爲本也樂者德之華也正義曰得
理於內樂爲外故云德華也金石絲竹樂之器也正義曰歷解飾所須也樂爲德
華若莫之能用故須金石之器也詩言其志也正義曰前金石爲器須用詩述申其志志在心

不述不暢故用詩述之也歌詠其聲也正義曰若直述其志則無醞藉之美故又長言歌詠使聲
音之美可得而聞之也舞動其容也正義曰若直詠歌未暢故又舉手蹈足以動其形容也
三者本乎心然後樂氣從之正義曰三者志聲容也樂氣詩歌舞也君子前
有三德爲本乎心後乃詩歌舞可觀故云然後樂氣從之也是故情深而文明正義
曰德爲性本故曰情深也樂爲德華故云文明氣盛而化神正義曰歌舞蹈樂氣從之故云氣盛
天下咸寧故曰化神也和順積中而英華發外唯樂不可以
爲僞鄭玄曰三者本志也聲也容也言無此本於內則不能爲樂耳○正義曰內外符合而無有虛假不可以
爲僞也樂者心之動也正義曰此樂象章第四段也明謟前第三段樂本之事緣有前境可
樂而心動應之故云樂者心之動也聲者樂之象也正義曰象法也樂舞無聲則不彰故聲爲
樂之法也文采節奏聲之飾也正義曰若直有聲而無法度故須文采節奏聲之儀

飾也君子動其本正義曰本德也心之動必應德也樂其象正義曰德行必應法
也然後治其飾正義曰飾文采節奏也前動心有德次行樂有法然後乃理其文飾也是
故先鼓以警戒鄭玄曰將奏樂先擊鼓以警戒衆也○正義曰此引武王伐紂之事證前有德
後有飾也武王聖人是前有德也而用此節奏是後有飾也先鼓者爲武王伐紂未戰之前鳴皮鼓以警戒使軍衆逆備
也今作武王樂者未奏之前鳴皮鼓以敕人使豫備具也是明志後有事也三步以見方鄭玄
曰將舞必先三舉足以見其舞之漸也王肅曰舞武樂三步爲一節者以見伐道也○正義曰見胡練反三步足三步也
見方謂方戰也武王伐紂未戰之前兵士樂奮其勇出軍陣前三步示勇氣方將戰也今作樂象之纘列畢而儛者將欲
儛先舉足三頓爲步以表方將儛之勢也再始以著往鄭玄曰武舞再更始以明伐紂時再往之
○正義曰著竹慮反再始謂兩過爲始也著明也文王受命十一年而武王除喪軍至孟津觀兵曰紂未可伐也乃還師
是一始也至十三年更興師伐之是再始也今舞武者前成列將欲舞而不儛是一始也去復更來是二過始明象武王

再往故云再始著往也復亂以飭歸鄭玄曰謂鳴鐃而退明以整歸德也○正義曰復者伏也
飭音勑復亂者紂凶亂而安復之飭歸者武王伐紂勝鳴金鐃整武而歸也以去奏皮鼓歸奏金鐃者皮文也金武也初
示文德使紂自改之則不伐紂既不改因而用兵用兵既竟故鳴金鐃而歸示用已竟也今奏武舞初皮鼓警衆末鳴鐃
以歸象伐紂已竟也鐃鐙鐸也奮疾而不拔也王肅曰舞雖奮疾而不失節若樹木得疾風而
不拔○正義曰謂舞形也奮迅疾速也拔傾側也伐紂時士卒歡喜奮迅急速以尚威勢猛而不傾側也今武舞亦奮迅
急而速不傾倒象極幽而不隱鄭玄曰極幽謂歌也○正義曰皆謂文采節奏也獨樂
其志不厭其道王肅曰樂能使仁人獨樂其志不厭倦其道也○正義曰言武王諸將人各忻
悅象武王有德天下之志並無厭干戈君臣之道備舉其道不私其欲
人人不厭故作樂者事事法之欲備舉武王之道耳非爲私情之所欲也是以情見而義立
正義曰不厭武王之道其情既見則不私其欲義亦立也樂終而德尊正義曰爲樂之理既終是

象德之事其德亦尊顯也君子以好善小人以息過正義曰樂理周足象德可
尊以此教丗何往而不可君子聞之則好善小人聞之則改過也故曰生民之道樂爲
大焉正義曰此引舊語結樂道之爲大君子曰禮樂不可以斯須
去身正義曰此第十章名爲樂化章第十以化民故次賓牟賈成第十也其章中皆言樂陶化爲善也凡四段
一明人生禮樂恒與己俱也二明禮樂不可偏用各有一失也三明聖人制禮作樂之由也四明聖人制禮作樂天下服
從此初段人生禮樂恒與己俱也恒故能化化故在前也引君子之言以張本也斯須俄頃也失之者死故俄頃不可去
身者也致樂以治心鄭玄曰致猶深審也樂由中出故治心也則易直子諒
之心油然生矣王肅曰易平易直正直子諒愛信也鄭玄曰油新生好貌易直子
諒之心生則樂樂則安安則久久則天天則神
天則不言而信神則不怒而威鄭玄曰若善心生則寡於利欲寡於

利欲則樂矣志明行成不言而見信如天也不怒而見畏如神也致樂以治心者也正義曰結所由也有威信由於深審樂以結心之故致禮以治躬者也正義曰前明樂治心今明禮檢迹若深審於禮以治身則莊敬也鄭玄云禮自外作故治身也治躬則莊敬莊敬則嚴威鄭玄曰禮自外作故治身也○正義曰既身莊敬儼然人望而畏之是威嚴也治內難見發明樂句多治外易觀發明禮句少而又結也心中斯須不和不樂而鄙詐之心入之矣鄭玄曰謂利欲生也外貌斯須不莊不敬而慢易之心入之矣鄭玄曰易輕易也故樂也者動於內者也禮也者動於外者也樂極和禮極順內和而外順則民瞻其顏色而弗與爭也望其容貌而民不生易慢焉德煇動乎內而民莫不承聽理發乎外

而民莫不承順鄭玄曰德煇顏色潤澤也理容貌進止也孫炎曰德煇明惠也理言行也故曰知禮樂之道舉而錯之天下無難矣正義曰錯七故反引舊證民莫不承聽莫不承順也聖王有能詳審極致禮樂之道舉而措之於天下天下悉從無難為之事也樂也者動於內者也禮也者動於外者也正義曰此樂化章第三段也明禮樂不可偏用各有一失既方明所失故前更言其所發外內不同也動亦感觸故禮主其謙鄭玄曰人所倦也王肅曰自謙損也樂主其盈鄭玄曰人所權也王肅曰充氣志也禮謙而進以進為文鄭玄曰進者謂自勉強也文猶美也善也王肅曰禮自減損所以進德修業也樂盈而反以反為文鄭玄曰反謂自抑止也王肅曰樂充氣志而反本也禮謙而不進則銷樂盈而不反則放鄭玄曰放淫於聲樂不能止也故禮有報孫炎曰報謂禮尚往來以勸進之王肅曰禮自減損而以進為報也而樂有反

孫炎曰反謂曲終還更始禮得其報則樂樂得其反則安禮之報樂之反其義一也鄭玄曰俱起立於中不銷不放夫樂者樂也人情之所不能免也正義曰此樂化章第三段也明聖人所以制樂由人樂於歌舞故聖人制樂以和樂之故云樂者樂也但懽樂是人所貪貪不能自止故云人情也樂必發諸聲音形於動靜人道也鄭玄曰人道人之所為也聲音動靜性術之變盡於此矣鄭玄曰不可過故人不能無樂樂不能無形鄭玄曰形聲音動靜也形而不為道不能無亂先王惡其亂故制雅頌之聲以道之使其聲足以樂而不流使其文足以綸而不息鄭玄曰文篇辭也息銷也使其曲直繁省廉肉節奏鄭玄曰曲直歌之曲折繁省廉肉聲之洪殺也足以感動人

之善心而已矣不使放心邪氣得接焉是先王立樂之方也鄭玄曰方道也是故樂在宗廟之中君臣上下同聽之則莫不和敬在族長鄉里之中長幼同聽之則莫不和順在閨門之內父子兄弟同聽之則莫不和親故樂者審一以定和比物以飾節節奏合以成文鄭玄曰審一審其人聲也比物謂雜金革土匏之屬以成文五聲八音克諧相應和也所以合和父子君臣附親萬民也是先王立樂之方也故聽其雅頌之聲志意得廣焉正義曰前云先王制之聲音形於動靜故此證其事也此是發於聲音也民聽正聲得益盛德之美志意得廣大也執其干戚習其俯仰詘信容貌得莊焉行其綴兆

鄭玄曰綴表也所以表行列也要其節奏鄭玄曰要猶會也行列得正焉進退得齊焉故樂者天地之齊中和之紀鄭玄曰紀揔要之名人情之所不能免也夫樂者先王之所以飾喜也正義曰此樂化章第四段也明樂唯聖人在上者制作天下乃從服也若內有喜則外歌舞以飾之故云王以樂飾喜也軍旅鈇鉞者先王之所以飾怒也故先王之喜怒皆得其齊矣喜則天下和之怒則暴亂者畏之先王之道禮樂可謂盛矣魏文侯問於子夏曰正義曰此章第八明文侯問也文侯故晉大夫畢萬之後見子夏而問於樂也吾端冕而聽古樂鄭玄曰端玄衣也古樂先王之正樂○正義曰此文侯問事也謂玄冕凡冕服其制正幅袂二尺二寸故稱端也着玄冕衣與玄端同色故曰端冕聽古樂也此當是廟中聽樂玄冕祭服也則唯

恐臥聽鄭衛之音則不知倦敢問古樂之如彼何也新樂之如此何也子夏答曰今夫古樂進旅而退旅鄭玄曰旅猶俱也俱進俱退言其齊一也○正義曰子夏之荅凡有三初則舉古禮次新樂以酬問意又因更別說以誘引文侯欲使更問也此是荅述古樂之情旅衆也和正以廣鄭玄曰無姦聲也弦匏笙簧合守拊鼓鄭玄曰合皆也言衆皆待擊鼓乃作也拊者以韋爲表裝之以糠也○正義曰拊音數武反拊一名相亦奏古笙樂也弦琴也匏瓠屬也四十六簧笙十九至十三簧也簧施於匏笙之管端者也合會也守待也拊者皮爲之以糠實如革囊也用手撫之鼓也言奏弦匏笙簧之時若欲令堂上作樂則撫拊堂上樂工聞撫拊乃弦歌也若欲令堂下作樂則擊鼓堂下樂工聞鼓乃吹管播樂也言弦匏笙簧皆待拊爲節故言會守拊鼓也始奏以文止亂以武鄭玄曰文謂鼓武謂金也治亂以相訊疾以雅孫炎曰整其亂行節之以相赴敵迅疾趨之以雅鄭玄曰相即拊也亦以節樂

雅亦樂器名狀如漆筩中有椎 君子於是語於是道古修身及家
平均天下此古樂之發也今夫新樂進俯退俯
鄭玄曰俯猶曲也言不齊一也○正義曰此第二述雜樂也俯曲也新樂行列不齊進退曲也 姦聲以淫
溺而不止 王肅曰姦聲淫使人溺而不能自止 及優侏儒 王肅曰俳優短人也 獶
雜子女不知父子 鄭玄曰獶獼猴也言舞者如獼猴戲亂男女尊卑也 樂終不
可以語不可以道古此新樂之發也 正義曰此結新樂荅也
今君之所問者樂也所好者音也 正義曰此第三別誚引文侯更問前故說此句言文侯所問乃是樂而好鏗鎗之音非律呂克諧之正樂也 夫樂之與音相
近而不同 鄭玄曰鏗鎗之類皆為音應律乃為樂 文侯曰敢問如何 鄭玄
曰欲知音樂異意 [illegible] 子夏答曰夫古者天地順而四時當 正義
曰當丁浪反此答古樂之由也天地從四時當聖人在上故也 民有德而五穀昌疾
疢不作而無祅祥此之謂大當 鄭玄曰當謂不失其所也 然
後聖人作為父子君臣以為之紀綱紀綱既正
天下大定天下大定然後正六律和五聲弦歌
詩頌此之謂德音德音之謂樂詩曰莫其德音
其德克明克明克類克長克君王此大邦克順
克俾 鄭玄曰德正應和曰莫照臨四方曰明勤施無私曰類教誨不倦曰長慶賞刑威曰君慈和徧服曰順俾當為比擇善而從之曰比 俾於文王其德靡悔既受帝祉施于
孫子此之謂也 鄭玄曰施延也言文王之德皆能如此故受天福延及後世 今君
之所好者其溺音與 鄭玄曰言無文王之德則所好非樂 文侯曰敢

問溺音者何從出也子夏答曰鄭音好濫淫志鄭玄曰濫濫竊姦聲也○正義曰子夏歷述四國之所由以荅文侯也宋音燕女溺志王肅曰燕歡悅衛音趨數煩志孫炎曰趨數音促速而數數變也鄭玄曰煩勞也齊音驁辟驕志四者皆淫於色而害於德是以祭祀不用也鄭玄曰言四國出此溺音詩曰肅雍和鳴先祖是聽夫肅肅敬也雍雍和也夫敬以和何事不行鄭玄曰古者樂敬且和故無事而不用溺音無所施為人君者謹其所好惡而已矣君好之則臣為之上行之則民從之詩曰誘民孔易此之謂也鄭玄曰誘進也孔甚也言民從君之所好惡進之於善無難也然後聖人作為鞉鼓椌楬壎篪鄭玄曰椌楬謂柷敔○索隱曰壎以土為之大如鵝

子形似錘吹之為聲篪以竹為之六孔一孔上出名翹橫吹之今之橫笛是也詩云伯氏吹壎仲氏吹篪是也此六者德音之音也鄭玄曰六者為本以其聲質然後鍾磬竽瑟以和之干戚旄狄以舞之此所以祭先王之廟也所以獻酬酳酢也所以官序貴賤各得其宜也鄭玄曰官序貴賤謂尊卑樂器列數有差此所以示後世有尊卑長幼序也鐘聲鏗鏗以立號鄭玄曰號令所以警衆也王肅曰鐘聲高故以之立號也號以立橫鄭玄曰橫充也謂氣作充滿橫以立武君子聽鐘聲則思武臣石聲硜王肅曰聲果勁硜以立別鄭玄曰謂分明於節義別以致死君子聽磬聲則思死封疆之臣絲聲哀以立廉鄭玄曰廉廉隅廉以立志君子聽琴瑟之聲則思

志義之臣竹聲濫王肅曰濫會諸音濫以立會會以聚衆君子聽竽笙簫管之聲則思畜聚之臣鼓鼙之聲讙讙以立動動以進衆君子聽鼓鼙之聲則思將帥之臣鄭玄曰聞讙囂則人意動作也君子之聽音非聽其鏗鎗而已也彼亦有所合之也鄭玄曰以聲合己意賓牟賈侍坐於孔子正義曰此第九章名賓牟賈問者蓋孔子之問本爲牟賈而設故云牟賈問也孔子與之言及樂曰夫武之備戒之已久何也鄭玄曰武謂周武也備戒擊鼓警衆也○正義曰此孔子問牟賈及樂之事凡問有五此其一也備戒者謂將欲作樂前鳴鼓警戒使樂人各備容儀言初欲奏樂時既已備戒使有節奏故令武舞者備戒已久疑其遲久故問之也答曰病不得其衆也鄭玄曰病猶憂也以不得衆心爲憂憂其難○正義曰牟賈答也亦有五而二荅是三荅非今荅是也言武王伐紂時憂不得衆心故前鳴鼓戒衆久之乃出戰也故令舞者久久乃出象武王憂不得衆心故也永歎之淫液之何也鄭玄曰永歎淫液歌遲之也○正義曰此第二問也答曰恐不逮事也鄭玄曰逮及也事伐事也○正義曰此荅亦是也言衆士望武王欲伐速恒恐不及伐事之機故有詠歎淫液之聲發揚蹈厲之已蚤何也王肅曰厲疾也備戒雖久至其發作又疾也○正義曰第三問也發初也揚舉袂也蹈頓足蹋地厲顏色勃然如戰色也問樂舞何意發初揚袂又蹈頓足蹋地勃然作色何忽如此何也答曰及時事也鄭玄曰時至武事當施也王肅曰欲令之事各及時○正義曰此荅非也牟賈意言發揚蹈厲象武王一人意欲及時之事故早爲此也鄭亦隨賈意注之也武坐致右憲左何也王肅曰右膝至地左膝去地也○正義曰憲音軒第四問也坐跪也致至也軒起也問舞人何忽有時而跪也答曰非武坐也鄭玄曰言武之事無坐也○正義曰此荅亦非也牟賈言武奮之士不應有坐也聲淫及商何也王肅曰聲

深淫貪商○正義曰第五問也答曰非武音也王肅曰言武王不獲已爲天下除殘非貪商○正義曰此荅又非也子曰若非武音則何音也正義曰孔子評其荅武音不貪但不知其實解理空言其非反問也答曰有司失其傳也鄭玄曰有司典樂者傳猶說也○正義曰傳直緣反賈荅言武王非有貪是有司傳之謬妄故有此矣如非有司失其傳則武王之志荒矣鄭玄曰荒老耄也言典樂者失其說時人妄說也○正義曰賈又云假令非傳者謬妄則是武王末年年志荒耄之時故有貪商之聲也子曰唯丘之聞諸萇弘亦若吾子之言是也鄭玄曰萇弘周大夫○索隱曰大戴礼云孔子適周訪礼於老聃學樂於萇弘是也○正義曰萇音直良反吾子牟賈也言我聞萇弘所言亦如賈今所言之也賓牟賈起免席而請曰正義曰免猶避也前所荅四事五不彼叩問今疑不知前荅之是非故起所疑而問也夫武之備戒之已久則既聞命矣孫炎曰聞命謂

言是敢問遲之遲而又久何也鄭玄曰遲之遲謂久立於綴子曰居吾語汝鄭玄曰居猶安坐也夫樂者象成者也王肅曰象成功而爲樂揔干而山立王肅曰揔持干楯山立不動武王之事也正義曰此下明應象成之事也荅所以遲也象武王伐紂持楯立以待諸侯至故云武王之事也發揚蹈厲太公之志也王肅曰志在鷹揚也○正義曰荅遲久已竟而牟賈前荅發揚蹈厲以爲象武王欲及時事非也言此是太公志耳太公相武王伐紂志願武王之速得自奮其威勇以助也武亂皆坐周召之治也王肅曰武亂武之治也皆坐以象安民無事也○正義曰賈前荅武坐非也因又爲之說言當伐紂時士卒行伍有亂者周邵二公以治正之使其跪敬致右軒左以待處分故今八佾象闘時之亂挨相正之則俱跪跪乃更起以作行列象周邵之事耳非武舞有坐之也且夫武始而北出鄭玄曰始奏象觀兵盟津時也○正義曰說五事既竟而遲久之意未周故更廣其象成之事非荅前五事故云且夫也始而北出者謂奏樂象武

王觀兵孟津之時也王居鎬在南紂居朝歌在河北故舞者南來時猶向北尚象之也再成而滅
商鄭玄曰成猶奏也再奏象克殷時○正義曰再成謂舞者再來奏時也舞者初始前一向北而不舞象武王前
觀孟津不伐而反也至再往而向北遂奏成擊刺三成而南王肅曰誅紂已而南○正義曰舞者第三
奏往而轉向南象武王勝紂向南還鎬之時也四成而南國是疆王肅曰有南國以爲疆界
○正義曰舞者第四奏象周太平時南方荊蠻並來歸服爲周之疆界五成而分陝周公
左召公右王肅曰分陝東西而治○正義曰舞者至第五奏而東西中分之爲左右二部象周太平後周
公邵公分職爲左右二伯之時六成復綴以崇天子鄭玄曰六奏象兵還振旅也復
綴反位止也王肅曰以象尊崇天子夾振之而四伐盛振威於中國
也王肅曰振威武也四伐者伐四方與紂同惡者一擊一刺爲一伐也○正義曰夾音古合反夾振謂武王與大將軍
夾軍而奮鐸振動士卒也言當奏武樂時亦兩人執鐸夾之爲節之象也凡四伐到一止當伐紂時士卒皆四伐一止也

故牧誓云今日之事不過四伐五伐是也故作武樂舞者亦以干戈伐之象也分夾而進徐廣曰一
作遲事蚤濟也王肅曰分部而並進者欲事早成久立於綴以待諸
侯之至也鄭玄曰象武王伐紂待諸侯也且夫女獨未聞牧野之
語乎鄭玄曰欲語以作武樂之意○正義曰今衛州所理汲縣即牧野之地也更欲語牟賈奏武樂遲久之意
其語即下所陳是也武王克殷反商鄭玄曰反當爲及謂至紂都也未及下車
正義曰車戎車也軍法一車三人乘之步卒七十二牧誓云戎車三百兩則二萬二千五百人也而封黃
帝之後於薊封帝堯之後於祝正義曰地理志云平原即祝阿縣也
薊音計幽州縣是也封帝舜之後於陳正義曰陳州宛丘縣故陳城是也下車
而封夏后氏之後於杞正義曰汴州雍丘縣故杞國封殷之後
於宋封王子比干之墓鄭玄曰積土爲封封比干之墓崇賢也釋箕

子之囚使之行商容而復其位徐廣曰周本紀曰命召公釋箕子之囚又曰表商容之閭庶民弛政庶士倍禄鄭玄曰弛政去紂時苛役倍禄復其紂時薄者濟河而西正義曰濟渡也河黄河也武王伐紂事畢從懷州河陽縣南渡河至洛州從洛城而西歸鎬京也馬散華山之陽鄭玄曰散猶放而弗復乘牛散桃林之野徐廣曰在弘農縣今曰桃丘而不復服正義曰示無復用服亦乘也桃林在華山之旁此二處並是牛馬放生地初伐就此取之今事竟歸之前處故尚書武成篇序云武王伐殷往伐歸獸是也車甲弢徐廣曰音韜而藏之府庫而弗復用倒載干戈苞之以虎皮鄭玄曰包干戈以虎皮明能以武服兵也將率之士使爲諸侯名之曰建櫜王肅曰所以能櫜弓矢而不用者將率之士力也故建以爲諸侯謂之建櫜也然後天下知武王之不復用兵也散軍而

郊射鄭玄曰郊射爲射宮於郊也王肅曰郊有斈宮可以習礼也左射貍首右射騶虞鄭玄曰左東斈右西斈也貍首騶虞所歌爲節也而貫革之射息也鄭玄曰貫革射穿甲革也裨冕搢笏鄭玄曰裨冕衣裨衣而冠冕也裨衣衮之屬也搢插也而虎賁之士說劍也祀乎明堂鄭玄曰文王之廟爲明堂而民知孝朝覲然後諸侯知所以臣耕藉鄭玄曰耕藉藉田也然後諸侯知所以敬五者天下之大教也食三老五更於太學鄭玄曰老更互言之耳皆老人更知三德五事者也周名太斈曰東膠天子袒而割牲執醬而饋執爵而酳冕而揔干鄭玄曰冕而揔干在舞位所以教諸侯之悌也若此則周道四達禮樂交通則夫武之遲久不亦宜乎鄭玄曰言武遲久爲重礼

(樂也)子貢見師乙而問焉(鄭玄曰師樂官也乙名也)曰賜聞聲歌各有宜也(鄭玄曰氣順性)如賜者宜何歌也師乙曰乙賤工也(鄭玄曰樂人稱工也)何足以問所宜請誦其所聞而吾子自執焉(鄭玄曰執猶處也)寬而靜柔而正者宜歌頌廣大而靜疏達而信者宜歌大雅恭儉而好禮者宜歌小雅正直清廉而謙者宜歌風肆直而慈愛者(鄭玄曰肆正也)宜歌商溫良而能斷者宜歌齊夫歌者直己而陳德(鄭玄曰各因其德歌所宜)動己而天地應焉四時和焉星辰理焉萬物育焉(鄭玄曰育生也)故商者五帝之遺聲也商人志之故謂之商齊

者三代之遺聲也齊人志之故謂之齊明乎商之詩者臨事而屢斷(鄭玄曰以其肆直)明乎齊之詩者見利而讓也(鄭玄曰以其溫良而能斷也)臨事而屢斷勇也見利而讓義也有勇有義非歌孰能保此故歌者上如抗下如隊曲如折止如槀木居中矩句中鉤累累乎殷如貫珠(鄭玄曰言歌聲之著動人心之審而有此聲)故歌之爲言也長言之也(鄭玄曰長言引其聲)說之故言之言之不足故長言之長言之不足故嗟歎之嗟歎之不足故不知手之舞之足之蹈之(鄭玄曰手舞足蹈歎之至)子貢問樂

(正義曰結此前事悉是荅子貢問之事其樂記者公孫尼子次撰也爲樂記通天地貫人情辯政治故細解之以前劉向

別録篇次与鄭目録同而樂記篇次又不依鄭目今此又篇次顛倒者以褚先生升降故今亂也今逐舊次第隨段記之使後略知也以後文出褚意耳凡音由於人心天之與人有以相通如景之象形響之應聲故為善者天報之以福為惡者天與之以殃其自然者也故舜彈五弦之琴歌南風之詩而天下治紂為朝歌北鄙之音身死國亡舜之道何弘也紂之道何隘也夫南風之詩者生長之音也舜樂好之樂與天地同意得萬國之驩心故天下治也夫朝歌者不時也北者敗也鄙者陋也紂樂好之與萬國殊心諸侯不附百姓不親天下畔之故身死國

亡而衛靈公之時〔正義曰時衛都楚丘楚丘故城在宋州楚丘縣北三十里衛之楚丘邑也〕將之晉至於濮水之上舍〔正義曰括地志云在曹州離狐縣界即師延投處也〕夜半時聞鼓琴聲問左右皆對曰不聞乃召師涓曰吾聞鼓琴音問左右皆不聞其狀似鬼神為我聽而寫之師涓曰諾因端坐援琴聽而寫之明日曰臣得之矣然未習也請宿習之靈公曰可因復宿明日報曰習矣即去之晉見晉平公平公置酒於施惠之臺〔正義曰一本虒祁之堂左傳云虒祁之宮杜預云虒祁地名也在絳州西四十里臨汾水也〕酒酣靈公曰今者來聞新聲請奏之平公曰可即令師涓坐師曠旁援琴鼓之

未終師曠撫而止之曰此亡國之聲也不可聽平公曰何道出師曠曰師延所作也與紂爲靡靡之樂武王伐紂師延東走自投濮水之中故聞此聲必於濮水之上先聞此聲者國削平公曰寡人所好者音也願遂聞之師涓鼓而終之平公曰音無此最悲乎師曠曰有平公曰可得聞乎師曠曰君德義薄不可以聽之平公曰寡人所好者音也願聞之師曠不得已援琴而鼓之一奏之有玄鶴二八集乎廊門再奏之延頸而鳴舒翼而舞平公大喜起而爲師曠壽反坐問曰音無此最悲乎師曠曰有昔者黃帝以大合鬼神今君德義薄不足以聽之聽之將敗平公曰寡人老矣所好者音也願遂聞之師曠不得已援琴而鼓之一奏之有白雲從西北起再奏之大風至而雨隨之飛廊瓦左右皆奔走平公恐懼伏於廊屋之閒晉國大旱赤地三年聽者或吉或凶夫樂不可妄興也

太史公曰夫上古明王舉樂者非以娛心自樂快意恣欲將欲爲治也正教者皆始於音音正而行正故音樂者所以動盪血脉通流精神而

和正心也故宮動脾而和正聖商動肺而和正義角動肝而和正仁徵動心而和正禮羽動腎而和正智故樂所以內輔正心而外異貴賤也上以事宗廟下以變化黎庶也琴長八尺一寸正度也弦大者為宮而居中央君也商張右傍其餘大小相次不失其次序則君臣之位正矣故聞宮音使人溫舒而廣大聞商音使人方正而好義聞角音使人惻隱而愛人聞徵音使人樂善而好施聞羽音使人整齊而好禮夫禮由外入樂自內出故君子不可須臾離禮須臾離禮則暴慢之行窮外不可須臾離樂須臾離樂則姦邪之行窮內故樂音者君子之所養義也夫古者天子諸侯聽鍾磬未嘗離於庭卿大夫聽琴瑟之音未嘗離於前所以養行義而防淫佚也夫淫佚生於無禮故聖王使人耳聞雅頌之音目視威儀之禮足行恭敬之容口言仁義之道故君子終日言而邪辟無由入也

索隱述贊曰

樂之所興　在乎防欲　陶心暢志
舞手蹈足　舜曰簫韶　融稱屬續

審音知政　觀風變俗　端如貫珠
清同叩玉　洋洋盈耳　咸英餘曲

樂書第二　　史記二十四

生怒則毒螫加正義曰螫音釋情性之理也昔黃帝有涿鹿之戰以定火災文頴曰神農子孫暴虐黃帝伐之故以定火災顓頊有共工之陳以平水害文頴曰共工主水官也少昊氏衰秉政作虐故顓頊伐之本主水官因為水行也成湯有南巢之伐以殄夏亂正義曰南巢今廬州巢縣是也淮南子云湯敗桀放之歷山與末喜同舟浮江奔南巢之山而死按巢即山名古巢伯之國一云南巢者在中國之南也遞興遞廢勝者用事所受於天也自是之後名士迭興晉用咎犯正義曰狐偃也咎季也又云舅臣也而齊用王子索隱曰徐廣云子成父吳用孫武申明軍約賞罰必信卒伯諸侯兼列邦土雖不及三代之誥誓然身寵君尊當世顯揚可不謂榮焉豈與世

律志三　二

儒闇於大較索隱曰大較大法也淳于髡曰車不較則不勝其任是也較音角不權輕重猥云德化不當用兵大至窘辱失守索隱曰徐廣云如宋襄公是也小乃侵犯削弱遂執不移等哉故教笞不可廢於家刑罰不可捐於國誅罰不可偃於天下用之有巧拙行之有逆順耳夏桀殷紂手搏豺狼足追四馬勇非微也百戰克勝諸侯懾服權非輕也秦二世宿軍無用之地索隱曰謂常擁兵於郊野之外也。正義曰謂三十萬備北闕五十萬守五嶺也一云連兵於邊垂即是宿兵無用之地也連兵於邊陲力非弱也結怨匈奴絓禍於越正義曰絓胡卦反顧野王云絓者所礙勢非寡也及其威盡勢極閭巷之人為

敵國怨生窮武之不知足甘得之心不息也高
祖有天下三邊外畔大國之王雖稱蕃輔臣節
未盡會高祖厭苦軍事亦有蕭張之謀故偃武
一休息羈縻不備歷至孝文即位將軍陳武等
議曰南越朝鮮〔正義曰潮仙二音高驪平壤城本漢樂浪郡王險城即古朝鮮地時朝鮮王滿據之也〕自全秦時內屬為臣子後且擁兵阻阸
選蠕觀望〔阸音厄賣反選音思兖反蠕音而兖反○索隱曰蠕音軟選蠕謂動身欲有進取之狀也〕
高祖時天下新定人民小安未可復興兵今
陛下仁惠撫百姓恩澤加海內宜及士民樂用
征討逆黨以一封疆孝文曰朕能任衣冠〔正義曰朕

音而禁反〕念不到此會呂氏之亂功臣宗室共不羞
恥誤居正位常戰戰慄慄恐事之不終且兵凶
器雖克所願動亦耗病謂百姓遠方何又先帝
知勞民不可煩故不以為意朕豈自謂能今匈
奴內侵軍吏無功邊民父子荷兵日久〔正義曰荷音何我反〕
朕常為動心傷痛無日忘之今未能銷距願且
堅邊設候結和通使休寧北陲為功多矣且無
議軍故百姓無內外之繇得息肩於田畝天下
殷富粟至十餘錢鳴雞吠狗煙火萬里可謂和
樂者乎

太史公曰文帝時會天下新去湯火（索隱曰謂秦亂楚漢交兵之時如遺墜湯火即書云民墜塗炭也）人民樂業因其欲然能不擾亂故百姓遂安自年六七十翁亦未嘗至市井游敖嬉戲如小兒狀孔子所稱有德君子者邪（索隱曰論語曰善人為邦百年亦可以勝殘去殺也）書曰七正二十八舍（索隱曰七正日月五星七者可以正天時又孔安國曰七正日月五星各異政二十八舍即二十八宿之所舍也舍止也宿次也言日月五星運行或舍於二十八次之分也）律曆天所以通五行八正之氣（索隱曰八正謂八節之氣以應八方之風）天所以成孰萬物也舍者日月所舍舍者舒氣也不周風居西北主殺生東壁居不周風東主辟生氣（索隱曰辟音闢）而東之至於營室（索隱曰定星也定中而可作室故曰營室也○正義曰天官書云營室為清廟曰離宮閣道是有宮室象此言主營胎陽氣而產之二說不同）營室者主營胎（徐廣曰一作含）陽氣而產之東至于危危垝也（索隱曰垝音鬼毀反）言陽氣之危垝故曰危十月也律中應鍾（正義應乙證反白虎通云應者應也言萬物應陽而動下藏也漢初依秦以十月為歲首故起應鍾）應鍾者陽氣之應不用事也其於十二子為亥亥者該也（索隱曰律曆志云該閡於亥○正義曰孟康云閡藏塞也陰雜陽氣藏塞為萬物作種也）言陽氣藏於下故該也廣莫風居北方廣莫者言陽氣在下陰莫陽廣大也故曰廣莫東至於虛虛者能實能虛言陽氣冬則宛藏於虛（正義曰宛音蘊）日冬至則一陰下藏

一陽上舒故曰虛東至于須女索隱曰婺女名也言萬物變動其所陰陽氣未相離尚相如胥也故曰須女十一月也律中黃鍾正義曰白虎通云黃中和之氣言陽氣於黃泉之下動養萬物也黃鍾者陽氣踵黃泉而出也其於十二子爲子子者滋也滋者言萬物滋於下也其於十母爲壬癸壬之爲言任也言陽氣任養萬物於下也癸之爲言揆也言萬物可揆度故曰癸東至牽牛牽牛者言陽氣牽引萬物出之也牛者冒也言地雖凍能冒而生也牛者耕植種萬物也東至於建星建星者建諸生也十二月律中

大呂大呂者其於十二子爲丑正義曰徐廣云此中闕不說大呂及丑也按此下闕文或一本云丑者紐也言陽氣在上未降萬物厄紐未敢出也丑者紐也言陽氣在上未降萬物厄紐未敢出條風居東北主出萬物條之言條治萬物而出之故曰條風南至於箕箕者言萬物根棋徐廣曰一作橫也故曰箕正月也律中泰蔟正義曰蔟音千豆反白虎通云泰者太也蔟者湊也言萬物始大湊地而出之也泰蔟者言萬物蔟生也故曰泰蔟其於十二子爲寅索隱曰音以真反又音慎寅言萬物始生螾然也索隱曰螾音引故曰寅南至於尾言萬物始生如尾也南至於心言萬物始生有華心也徐廣曰一作莘南至於房

房者言萬物門戶也至于門則出矣明庶風居東方明庶者明衆物盡出也二月也律中夾鍾正義曰白虎通云夾孚甲也言萬物孚甲種類分也夾鍾者言陰陽相夾厠也其於十二子爲卯卯之爲言茂也言萬物茂也其於十母爲甲乙甲者言萬物剖符甲而出也符音孚。索隱曰符甲猶孚甲也乙者言萬物生軋軋也南至于氐正義曰氐音丁禮反氐者言萬物皆至也南至於亢亢者言萬物亢見也南至于角角者言萬物皆有枝格如角也三月也律中姑洗正義曰姑音沽洗音先典反白虎通云沽者故也洗者鮮也言萬物去故就新莫不鮮明也姑洗者言萬物洗生其於

十二子爲辰辰者言萬物之蜄也蜄音之愼反。索隱曰蜄音振或作娠同音律曆志云振美於辰清明風居東南維主風吹萬物而西之軫軫者言萬物益大而軫軫然西至於翼翼者言萬物皆有羽翼也四月也律中仲呂正義曰中音仲白虎通云言陽氣將極中充大也故復中言之也仲呂者言萬物盡旅而西行也其於十二子爲巳巳者言陽氣之巳盡也西至于七星七星者陽數成於七故曰七星西至于張張者言萬物皆張也西至于注索隱曰注音丁救反注咮也天官書云柳爲鳥咮則注柳星也注者言萬物之始衰陽氣下注故曰注五月也律中蕤賓正義曰蕤音仁隹反

白虎通云蕤者下也賓者敬也言陽氣上極陰氣始賓敬之也蕤賓者言陰氣幼少故曰蕤痿陽不用事故曰賓景風居南方景者言陽氣道竟故曰景風其於十二子爲午午者陰陽交故曰午索隱曰律曆志云㓦布於午也其於十母爲丙丁丙者言陽道著明故曰丙丁者言萬物之丁壯也故曰丁西至于弧弧者言萬物之吴落徐廣曰吴一作柔且就死也西至于狼狼者言萬物可度量斷萬物故曰狼涼風居西南維主地地者沈奪萬物氣也正義曰沈一作洗六月也律中林鐘正義曰白虎通云林者衆也言萬物成熟種類多也林鐘者言萬物就死氣林林然其於十二子爲未未者言萬物皆成有滋味也索隱曰律曆志昧薆於未其意殊北至於罰罰者言萬物氣奪可伐也北至于參參正義曰音所林反參言萬物可參也故曰參七月也律中夷則正義曰白虎通云夷傷也則法也言萬物始傷被刑法也夷則言陰徐廣曰一作陽氣之賊徐廣曰一作則萬物也其於十二子爲申申者言陰用事申賊萬物徐廣曰一作則○索隱曰律曆志物堅於申也故曰申北至于濁索隱曰按爾雅云濁謂之畢濁者觸也言萬物皆觸死也故曰濁北至于留索隱曰留即卯也毛傳亦以留爲卯留者言陽氣之稽留也故曰留八月也律中南呂正義曰白虎通云南任也言陽氣尚任包大生薺麥也南呂者言陽氣之

旅入藏也其於十二子爲酉酉者萬物之老也索隱曰律曆志留孰於酉也故曰酉閶闔風居西方閶者倡也闔者藏也言陽氣道萬物闔黃泉也其於十母爲庚辛庚者言陰氣庚萬物故曰庚辛者言萬物之辛生故曰辛北至于胃胃者言陽氣就藏皆胃胃也北至于婁婁者呼萬物且內之也北至于奎徐廣曰一作畫○索隱曰天官書奎爲溝瀆婁爲聚衆胃爲天倉今此說異及六律十母又與漢書不同各是異家之說也奎者主毒螫殺萬物也奎而藏之九月也律中無射正義曰音亦白虎通云射終也言萬物隨陽而終當復隨陰而起無有終已此說六呂十干十二支與漢書不同無射者陰氣盛用事陽氣無餘也故曰無射其於十二子爲戌戌者言萬物盡滅故曰戌索隱曰律曆志畢入於戌也

律數

九九八十一以爲宮

三分去一五十四以爲徵

三分益一七十二以爲商

三分去一四十八以爲羽

三分益一六十四以爲角

黃鐘長八寸七分一宮索隱曰案上文云律九九八十一故云長八寸十分一而漢書云黃鐘長九寸者九分之寸也劉歆鄭玄等皆以長九寸即十分之寸不依此法也云宮者黃鐘爲律之首宮

爲五音之長十一月以黃鐘爲宮則聲得其正舊本多作七分蓋誤也

大呂長七寸五分三分一（索隱曰謂十一月以黃鐘爲宮五行相次大呂爲商者大呂所以助陽宣化）

太簇長七寸七分二角

夾鐘長六寸一分三分一

姑洗長六寸七分四羽（索隱曰亦以金生水故也）

仲呂長五寸九分三分二徵

蕤賓長五寸六分三分一

林鐘長五寸七分四角（索隱曰水生木故以爲角不用蕤賓者以陰氣起陽不用事故去也）

夷則長五寸四分三分二商

南呂長四寸七分八徵

無射長四寸四分三分二

應鐘長四寸二分三分二羽

生鐘分（索隱曰此筭術生鐘律之法也。正義曰分音扶問反）

子一分（索隱曰自此已下十一辰皆以三乘之爲黃鐘積實之數也）

丑三分二（索隱曰案子律黃鐘長九寸林鐘爲衡衡長六寸以九比六三分少一故云丑三分二即是黃鐘三分去一下生林鐘數也）

寅九分八（索隱曰十二律以黃鐘爲主黃鐘長九寸太簇長八寸圍八分寅九分八即是林鐘三分益一上生太簇之之義也。正義曰孟康云元氣始起於子未分之時天地人混合爲一故子數獨一漢書律曆志云太極元氣函三爲一行於十二辰始動於子叅之於丑得三又叅於寅得九又叅之於卯得二十七又叅之於辰得八十一又參之於巳得二百四十三又參之於午得七百二十九又參之於未得二千一百八十七又參之於申得六千五百六十一又參之於酉得萬九千六百八十三又參之於戌得五萬九千四十九又參之於亥得十七萬七千一百四十七此陰陽合德氣鐘於子化生萬物者也然丑三分二寅九分八者並是分之餘數而漢書不說也

卯二十七分十六索隱曰此以丑三乘寅三乘卯得二十七南呂爲卯衝長五寸三分寸之一以三約二十七得九即黃鐘之本數又以三約十六得五縣三分之一即南呂之長故云卯二十七分十六亦是太蔟三分去一下生南呂之義已下八辰並准此然丑三分二寅九分八者皆分之餘數也辰八十一分六十四巳二百四十三分一百二十八午七百二十九分五百一十二未二千一百八十七分一千二十四申六千五百六十一分四千九十六酉一萬九千六百八十三分八千一百九十二戌五萬九千四十九分三萬二千七百六十八亥十七萬七千一百四十七分六萬五千五百三十六

生黃鐘

術曰以下生者倍其實三其法索隱曰案蔡邕云陽生陰爲下生陰生陽爲上生又律曆志云陰陽相生自黃鐘始而左旋八八爲五孟康註云從子數辰至未得八下生林鐘數又自未至寅亦得八上生太蔟律是也然上下相生皆以此爲率今云以下生者謂黃鐘下生林鐘黃鐘長九寸倍其實者二九十八三其法者以三乘三爲法約之得六爲林鐘之長也以上生者四其實三其法索隱曰四其實者謂林鐘上生太蔟林鐘長六寸以四乘六得二十四以三約之得八即爲太蔟之長也上九商八羽七角六宮五徵九索隱曰此五聲之數亦上生三

分益一上生三分宮宮去一下生徵徵益一上生商商去一下生羽羽益一上生角然此文似數錯未暇研覈也

置一而九三之以爲法索隱曰漢書律曆志曰太極元氣函三爲一行之於十二辰始動於子參之於丑得三又參之於寅得九是謂置一而九三之也韋昭曰置一而九以三乘之是也樂彥云一氣生於子至丑而三是一三也又自丑至酉爲九皆以三乘之是九三也實如法得長一寸索隱曰實謂以子一乘丑三至亥得十七萬七千一百四十七爲實數如法謂以上萬九千六百八十三之法除實得九爲黃鐘之長言得一者筭術設法辭也得下有長一下有寸者皆衍字也韋昭云得九寸之一也姚氏謂得一即黃鐘之子數凡得九寸命曰黃鐘之宮故曰音始於宮窮於角索隱曰即如上文宮下生徵徵上生商商下生羽羽上生角是其窮也數始於一終於十成於三氣始於冬至周而復生神生於無形正義曰無形爲太陽氣天地未形之時言神本在太虛之中而無形也成

於有形正義曰天地既分二儀已質萬物之形成於天地之閒神在其中然後數形而成聲正義曰數謂天數也聲謂宮商角徵羽也言天數既形則能成其五聲也故曰神使氣氣就形形理如類有可類或未形而未類或同形而同類類而可班類而可識聖人知天地識之別故從有以至未有正義曰從有謂萬物形質也未有謂天地未形也以得細若氣微若聲正義曰氣謂太易之氣聲謂五聲之聲也然聖人因神而存之正義曰言聖人因神理其形體尋迹至於太易之氣故云因神而存之上云從有以至未有是也雖妙必効情核其華道者明矣正義曰妙謂微妙之性也効猶見也核研核也華道神妙之道也言人雖有微妙之性必須程督已之情理然後研核神妙之道乃能究其形骵辨其成聲故謂明矣故下云非有聖心以乘聰明孰能存天下之神而成形之情哉是也非

其聖心以乘聰明孰能在天地之神而成形之情哉神者物受之而不能知及其去來正義曰言萬物受神妙之氣不能知覺及神去來亦不能識其往復也故聖人畏而欲存之唯欲存之神之亦存正義曰言聖人畏神妙之理難識而欲常存之唯欲常存之故其神亦存也其欲存之者故莫貴焉正義曰言平凡之人欲得精神存者故亦莫如貴神之妙焉

大史公曰故旋璣玉衡以齊七政即天地二十八宿正義曰宿音息袖反又音肅謂東方角亢氐房心尾箕南方井鬼柳星張翼軫西方奎婁胃昴畢觜參北方斗牛女虛危室壁凡二十八宿一百二十八宿星也十母正義曰甲乙丙丁戊己庚辛壬癸十二子正義曰子丑寅卯辰巳午未申酉戌亥鐘律調自上古建律運歷造日度可據而度也正義曰度音田洛反合符節通道德即從斯之謂也

索隱述贊曰自昔軒后爰命伶倫雄雌是聽厚薄伊均以調氣候以軌星辰軍容取飾樂器斯因自微知著測化窮神大哉虛受含養生人

律書第三　史記二十五